Г

DU DIVORCE

ET

DE LA SÉPARATION,

CONSIDÉRÉS

Dans leurs rapports avec la Charte, l'essence du Mariage, l'intérêt des familles, la morale et la politique.

PAR J. P. CHRESTIEN DE POLY.

Vouloir qu'on marque des bornes à ce qui est mal , c'est prétendre qu'un fou, qui se précipite du rocher de Leucade, pourra, s'il le veut, se retenir au milieu de sa chute.

(CICÉRON. *Tusculanes*, 4. 18.)

PARIS,

Chez {
Le Normant, Imprimeur-Libraire, rue de Seine, n° 8.
Petit, Libraire de S. A. R. Monsieur, Frère du Roi, et de Monseigneur le Duc de Berry, Palais-Royal, n° 257.
Adrien Leclerc, Imprimeur-Libraire, quai des Augustins, n° 39.

SEPTEMBRE 1815.

Imprimerie de LE NORMANT , rue de Seine , nº. 8.

INTRODUCTION.

—

La loi civile a toujours été d'accord avec les dogmes religieux sur l'indissolubilité des liens du mariage, tant que les rois héritiers du trône de saint Louis ont eu l'autorité en France. Les fougueux novateurs qui ont fait périr, comme un tyran, sur un échafaud, le monarque le plus populaire, et qui ont élevé un fantôme de république sur les ruines de la monarchie la plus ancienne de l'Europe, ne pouvoient compter que sur les secours des passions pour maintenir leur ouvrage; ils ont dû pour les rallier à eux en rompre toutes les digues, faire descendre le mariage au rang des contrats dissolubles, et encourager le divorce, qui excite et légitime l'inconstance et la débauche. Lorsqu'un gouvernement hypocrite, qui annonçoit le desir de faire oublier que son pouvoir étoit usurpé, voulut réunir en un seul corps toutes les lois civiles, on eut quelques raisons de croire, que le divorce n'obtiendroit aucune place dans un code, qui sembloit devoir être le fruit des lumières du siècle et de l'expérience de tous les autres. Mais, sans égard au vœu bien prononcé de la partie saine de la nation, il y fut admis avec un peu plus de ménagement et de réserve par l'influence *du grand homme.* Graces à Dieu, nous voilà enfin débarrassés à jamais de *cet homme*, dont l'opiniâtreté inflexible, l'audace prodigieuse, la dissimulation profonde et le bonheur inouï, secondés par le courage et le fanatisme de ses soldats, ont fait tout le mérite ; qui, dans la mauvaise fortune, a toujours manqué de ressources, de prudence et de résolùtion, et qui, placé pour la seconde fois entre une mort honorable et une vie honteuse, n'a pas su mourir !

A peine Louis XVIII est-il rentré dans le palais de ses ancêtres, et déjà les discordes civiles sont apaisées, les mesures arbitraires cessent, les lois seules se font entendre, la confiance renaît, le commerce se livre avec sécurité à ses spéculations habituelles, une armée nationale se forme, la pairie est rendue héréditaire, les chambres sont convoquées, chacun se résigne avec joie aux sacrifices que le prince demande, et se console des privations du présent, par l'espérance d'un plus heureux avenir. Et quels maux en effet peuvent être sans remède pour le peuple, qui possède un tel souverain, et qui partout a eu le tact de choisir des députés recommandables par leur droiture, leurs lumières, leur sagesse, leur fidélité au Roi et leur respect pour la Charte ?

Sans doute la première pensée du prince et des deux chambres se tournera vers la dette publique, les économies compatibles avec l'intérêt de l'Etat et la dignité de la couronne, et les subsides extraordinaires qu'exige un surcroît inévitable ajouté à des charges déjà fort pesantes. Mais ils n'ignorent pas, que l'abrogation des lois qui dépravent les mœurs, et de celles dont le maintien est contraire à la Charte, ne peut être ajournée sous aucun prétexte. Ainsi, bientôt ils examineront, comme dignes de toute leur sollicitude, deux questions de la plus haute importance :

1re *Question :* Le divorce est-il en harmonie avec la Charte ?

2e *Question :* Les graves inconvéniens du divorce sont-ils balancés par ses prétendus avantages ?

La solution de ces deux problèmes

ne peut pas être indifférente aux bons Français et surtout aux véritables pères de famille. A ce double titre j'ai pensé qu'il m'étoit permis de réunir mes foibles efforts à ceux de plusieurs écrivains célèbres pour combattre le divorce, et armer contre lui le bras du législateur.

Je prouverai d'abord que le divorce est incompatible avec la Charte, qui doit être notre loi suprême. Je ferai voir ensuite qu'il est contraire à l'essence du mariage, à l'intérêt des familles, à la morale et à la politique.

Tel est le plan de l'essai que j'offre au public, et pour lequel je réclame son indulgence. Etranger à toute espèce de prétention littéraire, je n'ai pas d'autre but que de contribuer, autant qu'il est en moi, à la réforme des mœurs, qu'on a travaillé pendant vingt-cinq ans à corrompre, et qu'il faut travailler aujourd'hui à rendre meilleures, en supprimant le divorce comme une des causes les plus actives du progrès effrayant de leur déca-dence.

DU DIVORCE,

ET

DE LA SÉPARATION.

CHAPITRE PREMIER.

Le Divorce est incompatible avec le statut fondamental qui déclare la Religion catholique Religion de l'Etat.

SECTION PREMIÈRE.

Preuve de cette incompatibilité.

LES articles 5 et 6 de la Charte doivent être le type de toutes les lois civiles sur la police des cultes, la liberté de conscience, et le sort des institutions, que réprouvent les dogmes de la religion catholique.

Le droit d'adorer en paix la Divinité, selon le rit du culte qu'il professe, à la charge de ne pas troubler le libre exercice des autres, est garanti individuellement à chaque citoyen par l'article 5, qui *porte* que *chacun professe sa religion avec une égale liberté, et obtient pour son culte la même protection.*

Il étoit impossible de proclamer en termes plus explicites cette grande maxime, trop long-temps méconnue, que Dieu seul est juge de la manière dont il doit être adoré.

Si donc il existoit encore quelque loi, quelque réglement, qui, par ses prohibitions ou ses entraves, portât la plus légère atteinte à la liberté des cultes, ou qui, retirant à l'un d'eux la main protectrice de la puissance publique, en exposât les sectaires aux insultes de la multitude, le Roi et les deux Chambres, liés par l'article 5 de la Charte, ne pourroient pas laisser subsister davantage une loi, un réglement si contraire à cette loi fondamentale.

Tous les cultes sont libres: tous ont droit à une égale protection; mais il en est un, qui compte, à lui seul, trente-neuf fois plus de sectateurs que tous les autres ensemble. Cette supériorité numérique, palpable et reconnue, ne doit-elle avoir aucune influence sur les lois du royaume? Ces lois sont faites pour les citoyens dont il se compose. Puisqu'ils sont presque tous catholiques, puisque la masse dissidente est au plus d'un quarantième, n'est-il pas juste et naturel qu'il existe un parfait accord entre les lois civiles et religieuses de l'immense majorité des Français?

L'Etat est le corps social considéré dans le chef qui en est la tête, et les sujets qui en sont les membres. Les lois de l'Etat sont celles qui se forment par le concours du chef et des membres chargés de représenter les autres. L'unité mathématique n'est pas nécessaire dans ce concours; le vœu de la majorité des représentans suffit pour faire la loi que le chef propose ou approuve. Il en est de même à l'égard de la religion de l'Etat; celle que le prince et le plus grand nombre de ses sujets professent l'est toujours dans le fait, puisqu'elle est celle d'une portion de l'Etat tellement prépondérante, qu'elle formeroit à elle seule l'Etat, si les autres vouloient s'en détacher, et que les autres n'ont pas la force morale suffisante pour mettre obstacle aux lois qu'il lui plaît d'adopter. Cette religion est de droit la religion de l'Etat, lorsqu'une loi fondamentale lui en donne le titre. Ce titre n'est pas une vaine prérogative; l'Etat paie de son trésor les ministres de sa religion ; il veille à l'entretien des temples ; il contribue à la pompe du culte ; sa religion est la base de l'enseignement public; il consacre au repos les jours qu'elle y destine, et c'est aux pieds de ses autels que les magistrats viennent, au nom du peuple, rendre grâces au *Très-Haut* d'un événement heureux, ou implorer ses grandes miséricordes pour réparer ou prévenir une calamité publique. Enfin, les dogmes étant l'âme et la substance de toute religion, il en résulte que les dogmes de la religion de l'Etat sont sacrés, que le pouvoir législatif ne peut y porter aucune atteinte, et que toutes les lois doivent y être conformes.

Dans le fait, la religion catholique est déclarée religion de l'Etat par l'article 6 de la Charte; la particule conjonctive *cependant*, lie cet article au 5ᵉ, qui place tous les cultes sur la même ligne, lorsqu'il s'agit de leur libre exercice. Ce n'est pas sans dessein que le législateur a employé cette particule qui annonce un contraste; elle est comme la clé d'une voûte, comme le point central, où les deux articles viennent se fondre et s'attacher l'un à l'autre : elle indique clairement qu'il faut les méditer tous deux ensemble pour en bien connoître l'esprit, et en tirer de justes conséquences. Elle montre aux sectateurs des divers cultes, que la liberté de conscience, entière et sans réserve, peut et doit se concilier avec la prééminence, que la supériorité numérique garantit au culte qui est de droit et de fait la religion de l'Etat, et qui dès lors est pour lui l'objet d'une sollicitude toute particulière; elle prémunit les catholiques contre l'idée de s'armer de cette prérogative, pour troubler le libre exercice des autres cultes, et leur rappelle que la même loi qui accorde quelques priviléges au culte le plus nombreux, garantit à tous les autres une égale protection. Puisque la religion catholique est celle de l'Etat, aucune loi ne peut être en opposition, même indirecte, avec ses dogmes. Or, le Concile œcuménique de Trente, après avoir établi (14ᵉ session), l'indissolubilité des liens du mariage, sur les textes formels de la Genèse et de l'Evangile, a

prononcé anathème, 1°. contre ceux qui disent
que le lien du mariage peut être dissous, pour
cause d'hérésie, de cohabitation fâcheuse, ou
d'absence affectée de l'une ou l'autre des parties;
2°. contre ceux qui prétendent que l'Eglise est
dans l'erreur, quand elle enseigne, comme elle
a toujours enseigné, que les liens du mariage
ne peuvent pas être dissous par l'adultère de
l'une des parties, et qu'aucune d'elles, pas
même celle qui est innocente, ne peut contracter un nouveau mariage pendant la vie de
l'autre; 3°. contre ceux qui soutiennent que
l'Eglise se trompe, lorsqu'elle déclare que,
pour plusieurs causes, il peut exister entre le
mari et la femme, pour un temps fixe ou indé-
terminé, une séparation *quoad thorum, seu
quoad habitationem.* Ainsi, l'Eglise catholique
regarde le mariage comme indissoluble, et
il est de foi pour elle, que les circonstances
les plus graves, même l'adultère de la femme,
ne peuvent donner lieu qu'à la séparation, qui
relâche le lien conjugal sans le rompre; il faut
que la loi de l'Etat soit en harmonie avec cette
doctrine : donc, elle doit interdire le divorce
en termes absolus.

SECTION DEUXIEME.

Le Divorce doit être aboli, comme essentiellement contraire à
l'un des principaux dogmes du Catholicisme.

———

LES partisans du divorce, embarrassés pour
justifier la loi qui en apportoit le présent funeste à
un peuple pénétré dès l'enfance du dogme salutaire
de l'indissolubilité du mariage, ont fait d'inutiles
efforts pour insinuer, que la doctrine de l'Eglise
catholique a été vacillante sur cette matière ; ils
ont cité quelques passages des anciens Pères, qui,
sainement entendus, s'appliquent uniquement à
la séparation permise en certains cas, et surtout
dans celui de l'adultère : ils ont réuni les textes
épars de quelques rescrits des empereurs romains
favorables au divorce, mais publiés à une époque
où une grande partie des peuples soumis à leur
empire, étoit encore fortement imbue des erreurs
du paganisme. Ils ont interrogé l'histoire des
temps modernes, et ont cru y découvrir quelques
exemples de mariages dissous, et bientôt suivis
par d'autres, de la part des rois et des princes
en faveur desquels ils avoient été annulés.
C'est surtout après avoir parcouru les annales de
la Pologne catholique, où sont inscrits beaucoup
de divorces prononcés par les tribunaux, de concert avec l'autorité spirituelle, qu'ils n'ont plus
douté de leur triomphe. Un examen plus attentif

des faits qu'ils rapportent leur auroit appris, que ces divorces prétendus n'ont aucun des caractères essentiels du divorce, et qu'on ne doit y voir dans la réalité, que des cassations de mariage, émanées des juges civils ou ecclésiastiques, pour quelque vice radical, qui en est la cause dirimante. Le mariage alors n'est pas dissous ; mais l'autorité compétente déclare qu'il n'a point existé. Cette déclaration est un hommage rendu au principe de l'indissolubilité du lien conjugal ; il est possible qu'en certaines circonstances, elle ait été arrachée à la foiblesse des juges, pour des causes trop légères ; mais c'étoit un abus, et cet abus lui-même étoit une reconnoissance formelle, qu'aucun motif, même celui de l'intérêt public, ne peut faire fléchir le dogme invariable de l'indissolubilité du mariage (1).

(1) L'usage de la Pologne, loin d'établir que le divorce y est autorisé, démontre le contraire. Lorsque l'on dissout un mariage contracté par violence, c'est que l'on juge qu'il n'y a jamais eu de consentement, et que, le consentement étant la base nécessaire du mariage, comme de tout contrat, on juge qu'il n'y a jamais eu de mariage. Dès qu'on ne trouve d'autres moyens pour permettre à deux conjoints dégoûtés de leur société, d'en former une nouvelle, que de déclarer qu'il n'y a jamais eu d'engagement qui les ait liés, c'est une preuve sensible que s'il y avoit eu un engagement, il ne pourroit être qu'indissoluble. Après cela, que les juges soient plus ou moins faciles à admettre la preuve de cette nullité d'engagement, la loi reste toujours la même : le juge peut prévariquer ; mais sa prévarication, loin d'abolir la loi, montre la force de son empire, puisqu'il ne peut s'y soustraire que par un crime. (*Code Matrimonial*, pag. 448.)

Il paroît qu'en Pologne les évêques qui y sont juges des causes

La loi du divorce attaque essentiellement ce dogme : elle doit donc être abolie ; car, si elle subsistoit, il y auroit dans l'Etat, sur le même point, deux lois contradictoires, dont l'une, en proclamant la religion catholique religion de l'Etat, interdiroit, dans tous les cas, la pratique du divorce, et dont l'autre exciteroit les peuples à se jouer de leur croyance, en leur offrant la perspective séduisante du divorce, qui flatte les passions, et que les dogmes de leur religion proscrivent (1).

SECTION TROISIEME.

L'abolition du Divorce n'est pas contraire à la liberté de conscience.

LA liberté constitutionnelle du citoyen fut le prétexte de la première loi qui introduisit en

matrimoniales, sont peu difficiles sur la preuve de la contrainte qui peut donner lieu de déclarer qu'un mariage n'a pas été valablement contracté. Mais il ne suit pas de là, que le divorce soit admis en Pologne. Dès que l'on ne trouve en effet, dans ce pays, d'autre moyen pour autoriser des époux dégoûtés de leur union, à en former une nouvelle, que de déclarer qu'il n'y a jamais eu d'engagement qui les ait liés, c'est une preuve sensible que l'indissolubilité du mariage est reconnue. (*Nouvelle Collection de Jurisprudence*, au mot *Divorce.*)

L'abbé Chapt de Rastignac, docteur de Sorbonne, a traité cette matière avec beaucoup d'étendue et de logique dans l'ouvrage intitulé : *Accord de la révélation et de la raison contre le Divorce ;* on prouve que les cassations de mariages qui ont lieu en Pologne ne sont pas fondées sur la faculté du divorce, mais sur des empêchemens dirimans qui les annulent, et leur enlèvent même jusqu'à leur existence antérieure.

(1) C'est à la loi de la religion à décider si le lien du mariage

France le divorce (1): comme si le respect pour les dogmes de la religion qu'on professe, et pour les liens sacrés qui doivent unir les époux à la vie et à la mort, pouvoit être un signe d'esclavage. L'intérêt des femmes, trop souvent victimes d'une tyrannie insupportable, fut aussi allégué comme un motif puissant en faveur du divorce, par quelques orateurs, qui soutenoient que cette institution étoit nécessaire à un peuple, dont la civilisation étoit aussi avancée.

En vain, le député Sédilès observa qu'il étoit inconcevable qu'on sollicitât, dans l'intérêt des femmes, une loi qui devoit consacrer leur oppression; que le divorce n'étoit favorable qu'aux maris, et que ses abus retomberoient infailliblement sur le sexe le plus timide. Il ne put point parvenir à se faire entendre, non plus qu'aucun de ceux qui voulurent combattre le divorce; les clameurs les plus indécentes les réduisirent au silence, et le divorce fut décrété sans aucune modification, et avec une latitude, qui ouvrit la porte à une effroyable licence. Le même es-

---

sera indissoluble ou non; car si les lois de la religion eussent établi le lien indissoluble, et que les lois civiles eussent réglé qu'il se peut rompre, ce seroit deux choses contradictoires. (*Esprit des Lois*, tom. 3, ch. 13, liv. 26.)

(1) Le préambule de cette loi est ainsi conçu :

« Considérant combien il importe de faire jouir les hommes de
» la faculté du divorce qui résulte de la liberté individuelle dont
» un engagement indissoluble seroit la perte, et que déjà plusieurs
» époux n'ont pas attendu que la loi eût réglé le mode du divorce
» pour jouir des avantages de ces dispositions constitutionnelles,
» suivant laquelle le mariage n'est qu'un contrat civil. »

prit animoit la Convention nationale, « Lors-
» qu'elle dépouilla les pères et les mères de leur
» antique autorité, et lorsqu'elle osa mettre sur
» la même ligne, dans le partage des successions,
» les enfans naturels et les enfans légitimes; le
» divorce devoit être encouragé par des légis-
» lateurs qui invitoient d'une manière aussi directe
» les citoyens à ne pas contracter mariage (1). »

Les jurisconsultes célèbres chargés de défendre
la nouvelle loi sur le divorce, contre le cri de la
religion professée par le plus grand nombre de
ceux pour lesquels elle étoit faite, la fondèrent
sur la liberté des cultes, qui s'opposoit à ce que
le Code civil fût régi par les dogmes d'une
croyance particulière.

Est-il bien vrai que la liberté des cultes
nécessite l'introduction du divorce, dans un pays
qui, pendant quatorze siècles, a eu le bonheur
de ne pas le connoître ! Quel étrange paradoxe !

Les rédacteurs du Code ont eux-mêmes senti
combien étoit pernicieuse la doctrine, d'après
laquelle la loi ne peut pas être plus sévère, sur
l'article des mœurs et des convenances sociales,
que les cultes de la masse dissidente, dont les
règles et la morale sont les plus commodes. Ils
ont pensé, avec raison, que les erreurs de quelques
cultes en morale, ne doivent pas être partagées
par la puissance publique, et inoculées par elle
aux sectateurs plus nombreux des cultes qui ont
des idées plus saines, et moins favorables au jeu

---

(1) M. de Malleville écrit contre le divorce, pag. 17.

des passions. C'est donc en vain que la polygamie est tolérée par le Koran : la loi civile ne la souffre point ; et le Code pénal prononce des peines sévères contre les bigames (1). C'est en vain que le culte hébraïque autorise les Juifs à épouser la veuve de leur frère, la loi civile s'oppose à un semblable mariage (2). Pourquoi donc n'en seroit-il pas de même à l'égard du divorce ? Il n'est pas commandé ; il est seulement permis, dans certains cas, par les lois intérieures des cultes de la masse dissidente, qui ne s'élève pas au quarantième de la population du royaume.

SECTION QUATRIEME.

La loi du Divorce est oppressive pour les trente-neuf quarantièmes du peuple français.

NON-SEULEMENT la liberté de conscience ne réclame pas le maintien du divorce, mais elle exige sa suppression ; car la conscience des catholiques résiste au divorce : leur religion frappe de ses anathèmes ceux qui ne se font pas scrupule d'y recourir. La loi du divorce est donc oppressive à l'égard du culte catholique, par cela seul, que, se plaçant entre deux époux sec-

---

(1) Quiconque étant engagé dans les liens du mariage en aura contracté un autre avant la dissolution du précédent, sera puni de la peine des travaux forcés à temps. (*Code pénal*, art. 340.)

(2) En ligne collatérale, le mariage est prohibé entre le frère et la sœur légitimes ou naturels, et les alliés au même degré. (Art. 162 du *Code civil.*)

tateurs de ce culte, et ulcérés l'un contre l'autre, elle écarte de leur esprit l'idée d'une séparation temporaire, se ménage dans leurs cœurs des intelligences secrètes, et les sollicite à fouler aux pieds un des dogmes les plus essentiels de leur religion, en brisant des liens qu'elle déclare indissolubles. Cette oppression envers la partie la plus nombreuse du peuple français, est d'autant plus injuste et moins excusable, que la minorité qui se divise en plusieurs cultes, s'accorde à reconnoître que le divorce n'est pour elle que de pure tolérance.

« L'oppression qui excite vos plaintes est
» idéale, disent les partisans du divorce (1); la
» loi n'établit pas le divorce, elle se contente de
» le permettre et de le souffrir comme un re-
» mède extrême dont il seroit barbare de priver
» le malade, qui n'en voit pas d'autre pour
» guérir les maux affreux qu'il endure. Au reste;
» les catholiques ne sont pas dans la cruelle al-
» ternative de fausser leur croyance, ou de
» succomber sous un joug qu'ils ne pourroient
» pas supporter; la loi ne les place pas dans la
» dure nécessité d'opter entre une lâcheté et le
» malheur de toute leur vie, car la séparation
» de corps leur est permise; ainsi plus d'alarmes
» possibles pour les consciences délicates, qui
» regardent l'indissolubilité du mariage comme

---

(1) Treilhard, *Discours au Corps-Législatif en faveur du Divorce.*

» un précepte impérieux, puisque loin de les
» contraindre à recourir au divorce, la loi les
» avertit qu'elles peuvent trouver dans la sépa-
» ration de corps une partie des mêmes avan-
» tages. »

C'est ici que la loi du divorce est vraiment
immorale, et que la guerre sourde par elle déclarée au culte catholique, prend une teinte de
perfidie qui la rend plus révoltante.

Elle arme les passions de la majorité des Français contre les dogmes qu'ils professent; elle
combat, par la séduction des voluptés, ceux
qu'elle désespère de vaincre par la force des
raisonnemens; elle promet à une jeunesse ardente, pour prix d'abnégation de sa croyance,
la liberté de chercher des plaisirs plus vifs dans
les charmes d'un nouveau mariage. « Parmi les
» persécutions au milieu desquelles la religion
» de l'Etat s'étoit jadis affermie (1), ses plus
» grands ennemis n'en avoient jamais imaginé
» de plus dangereuses; la cruauté des tyrans
» laissoit encore dans les rangs des fidèles, ces
» âmes fortes qui s'indignent de la menace, et
» dont le caractère énergique soutient et ranime
» tout autour d'elle. Mais que l'on substitue à l'ap-
» pareil des tourmens, la séduction des voluptés;
» que, désespérant de les vaincre, on tente de les
» amollir; que l'abnégation de leur croyance
» reçoive la dispense de leurs sermens de père et

(1) M. de Nougarède, *Lois des Familles*, chap. IX, pag. 274.

» d'époux; de tous les moyens que l'irréligion
» peut inventer pour renverser la foi de nos
» pères, je n'en connois point qui doive lui
» inspirer plus de confiance. N'est-ce donc pas
» dans les cœurs généreux, que naissent et do-
» minent trop souvent les passions les plus im-
» pétueuses? »

La loi du divorce abuse encore de l'impré-
voyance des époux qui, fidèles à leur culte, s'indignent du seul mot de divorce, et se contentent
de la séparation que la foi catholique approuve,
lorsqu'elle devient nécessaire. La jeune épouse,
devenue mère, s'aperçoit qu'elle est délaissée par
son mari, et soupçonne à juste titre qu'il en aime
une autre; mais les immenses avantages que ses
grâces modestes, ses soins délicats, ses talens
enchanteurs, la dignité du mariage, et son titre
de mère lui donnent sur sa rivale, lui inspirent
le noble orgueil de croire qu'elle recouvrera
bientôt tous ses droits pour ne plus les perdre.
Cependant, son mari ne paroît plus devant
elle que pour user, à son égard, de sévices
atroces, et l'abreuver d'outrages; elle fuit alors
le toit domestique; elle réclame la protection
des tribunaux, et obtient une séparation de corps
qui la met à l'abri des violences et des injures
qu'elle redoute. Elle espère que le temps, l'âge,
les conseils de quelques amis, les dégoûts inséparables de la débauche, en retireront tôt ou
tard son mari; qu'il regrettera un jour tout le
mal qu'il lui aura fait, et s'estimera trop heu-

reux d'obtenir un pardon qu'elle brûle d'accorder : mais, tandis qu'elle se berce de cette espérance, et qu'elle la raconte, en termes mystérieux, à son enfant qui folâtre sur ses genoux, trois ans s'écoulent ; un huissier frappe à la porte, et lui délivre la copie d'un exploit par lequel son mari demande le divorce, à moins qu'elle ne renonce immédiatement aux effets de la séparation qu'elle a obtenue. Des lettres anonymes l'avertissent des chagrins et des humiliations que lui destine un mari barbare, si elle a le courage de reparoître dans une maison où une autre s'apprête déjà à venir prendre sa place, sous le titre d'épouse. Pâle et tremblante, elle hésite à rentrer sous le toit domestique, où elle craint de rencontrer sa rivale ; elle signe un refus : le mari, porteur de la pièce qui le constate, demande le divorce, et le tribunal est tenu de le prononcer sans autre examen : la loi est impérative sur ce point (1); elle semble redouter que les époux, mis de nouveau en présence, soient tentés de se réunir, et d'oublier leurs querelles.

Que peut donc être le motif de cette étrange sollicitude pour celui des époux qui n'est séparé de l'autre, que parce qu'il a bien fallu éloigner de

---

(1) Lorsque la séparation de corps, prononcée pour toute autre cause que l'adultère de la femme, aura duré trois ans, l'époux, qui étoit originairement défendeur, pourra demander le divorce au Tribunal, qui l'admettra, si le demandeur originaire, présent ou dûment appelé, ne consent pas immédiatement à faire cesser la séparation. (Art. 310 du *Code civil*.)

de lui la victime dont il a, par ses injures, ses excès et ses sévices, empoisonné, et même compromis l'existence? Comment qualifier cette législation, qui laisse l'innocent en proie à la douleur, et qui, redoutant pour le coupable la solitude et les ennuis du célibat, souffre qu'il mette le comble au scandale par un divorce dont son incontinence sera le seul prétexte, et à essayer d'une nouvelle épouse qui sera peut-être aussi malheureuse que la première?

« Dans un Etat bien réglé, dit M. de » Bonald (1), le mariage permis à tous les » hommes, devroit être interdit aux époux » divorcés, par la même raison que la carrière » de l'administration publique, accessible à tous » les citoyens, est fermée sans retour à ceux » qui ont été négligens ou prévaricateurs dans » l'exercice de leurs fonctions.

» Quand même on considéreroit le célibat » comme une peine, l'époux qui auroit éloigné » de lui une femme coupable, empêché d'en » épouser une autre, ne seroit pas toujours injus- » tement puni, parce que les torts de la femme » sont trop souvent ceux du mari, et accusent, » presque toujours, son choix d'intérêt ou de » légèreté ; son humeur, de tyrannie ; sa conduite, » de foiblesse ou de mauvais exemple. »

Et voilà qu'à l'instant même où l'époux offensé respecte le lien conjugal, et se contente d'une

(1) M. de Bonald, *du Divorce au XIXe siècle*, pag. 180 et 181.

séparation temporaire, la loi place le divorce dans les mains de l'époux coupable, et ne laisse à celui dont il a fait le malheur, que l'alternative d'abjurer un dogme de sa religion, et de rompre des nœuds qui lui sont encore chers, ou d'admettre dans le lit conjugal l'époux, qu'en écartent encore ses désordres, ses excès et ses violences.

C'est bien là, quoi qu'on en dise, une oppression morale, la corruption des mœurs par les lois. « Or si le gouvernement, pour la défense de » l'Etat, a le pouvoir d'anéantir la famille, il n'a , » pour aucun motif, il ne peut avoir le droit de » la corrompre (1). »

SECTION CINQUIEME.

La nécessité d'abolir le Divorce, dans l'état actuel des choses, a été reconnue d'avance par les Rédacteurs du Code civil.

M. Treilhard, un des plus chauds partisans du divorce, a reconnu lui-même qu'il devroit être aboli, dans le cas où le culte catholique viendroit à reconquérir sa prééminence, sous le titre de religion de l'Etat.

« L'autorisation du divorce, a-t-il dit, au » Corps-Législatif, seroit inconséquente chez » un peuple qui n'admettroit qu'un culte, s'il » pensoit que ce culte établit d'une manière ab- » solue, l'indissolubilité du mariage. »

Or, le peuple français n'admet qu'un seul culte

_____

(1) M. de Bonald , du *Divorce au XIXᵉ siècle,* pag. 298.

comme religion de l'Etat, quoiqu'il accorde à
tous les autres la même liberté et la même
protection; et le dogme de l'indissolubilité du
mariage est un des préceptes absolus de cette religion, qui n'est la religion de l'Etat que parce
que les trente-neuf quarantièmes des citoyens en
font une profession publique.

Il y auroit donc aujourd'hui, et de l'aveu des
rédacteurs du *Code civil*, une véritable inconséquence de la part du législateur, si, auprès de
l'art. 6 de la Charte, il laissoit subsister une loi
quelconque en faveur du divorce. Le principe
de l'anéantissement du divorce est posé dans
l'Acte constitutionnel; mais la loi subversive de
ce principe subsiste encore, et la puissance législative est seule compétente pour la rayer du
nombre des lois françaises. C'est donc mal à propos
qu'avec des intentions louables, le Tribunal de
Nanci a motivé un de ses jugemens sur l'abrogation de cette loi, dans la ligne de laquelle les tribunaux doivent se tenir, tant qu'elle ne sera point
rapportée, parce qu'ils sont institués, non pour
juger les lois, mais pour appliquer avec discer-
nement toutes celles qui existent encore.

Cette erreur innocente du Tribunal de Nanci
ayant alarmé les défenseurs du divorce, et servi
de prétexte à des plaintes amères, adressées à la
Chambre des Députés des départemens, M. de
Chanteraine, rapporteur de la commission,
chargé de leur examen, en a pris occasion pour
observer à la Chambre, que la question de sa-

voir si le divorce est incompatible avec l'art. 6
de la Charte, est du plus haut intérêt, et doit
être la matière des plus profondes méditations (1). La Chambre, distraite, ne s'occupa
point alors de cette importante question : cependant, elle est, par sa nature, de la classe de
celles qui doivent être résolues à une époque voisine de la mise en activité de la Charte, puisqu'elles s'y rattachent. J'ose donc appeler sur
elle les regards du Monarque religieux et ami
des mœurs, qui nous a donné cette Charte, et
ceux des deux Chambres, qui, à l'exemple du Roi,
ne veulent que la Charte, et la veulent toute
entière. Le sort de ce foible écrit seroit trop beau,
si son titre pouvoit les engager à le parcourir,
et s'ils y découvroient le germe des argumens
décisifs, qui prouvent l'incompatibilité absolue
de l'art. 6 de la Charte avec toute loi conserva-
trice du divorce.

---

(1) Ce rapport a été fait par M. de Chanteraine à la séance du
11 novembre 1814. On le trouve dans le *Moniteur* du 12.

CHAPITRE DEUXIÈME.

Le Divorce est contraire à l'essence du Mariage.

SECTION PREMIÈRE.

La Perpétuité est d'institution divine, et, dans l'opinion de tous les peuples anciens et modernes, le vœu et le but du Mariage.

LA Genèse, dont l'auteur inimitable raconte avec une noble simplicité l'origine du monde, la formation du premier homme à l'image de Dieu, la naissance mystérieuse de la première femme, les paroles prophétiques d'Adam à son réveil et à la vue de la compagne, chef-d'œuvre de grâces et de beauté, que l'Eternel lui avoit donnée, comme une aide nécessaire à son bonheur, même dans l'état d'innocence, nous apprend que, d'institution divine, et dans l'ordre de la nature, l'homme et la femme deviennent par le mariage, un tout indivisible en deux personnes (1).

_____

(1) *Dixitque Dominus non est bonum esse hominem solum : faciamus ei adjutorium simile sibi..... immisit ergo Dominus Deus soporem in Adam; cùmque obdormisset, tulit unam de costis ejus, et replevit carnem pro eâ : et ædificavit Dominus Deus costam quam tulerat de Adam, in mulierem : et adduxit eam ad Adam. Dixitque Adam : hoc nunc os ex ossibus meis, et caro de carne meâ : hæc vocabitur virago quoniam de viro sumpta est. Quamobrem, relinquet homo patrem suum et matrem, et adhærebit uxori suæ ; et erunt duo in carne unâ. (Genèse , ch. 2.)*

Chez tous les peuples anciens et modernes, chacun des époux a toujours dit, sans hyperbole, en parlant de l'autre, qu'il étoit la moitié de lui-même.

La loi romaine définit le mariage, l'union des deux sexes, qui met en commun toutes les peines, toutes les charges et tous les plaisirs de la vie, jusqu'à ce que la mort les sépare. *Matrimonium est viri et mulieris conjunctio individuam vitæ consuetudinem continens* (1). « Par le mariage,
» dit Blackstone, l'homme et la femme ne sont,
» aux yeux de la loi, qu'une seule personne;
» car l'être ou l'existence légale de la femme est
» suspendu durant le mariage, ou du moins
» incorporé et confondu avec celui du mari,
» sous la protection duquel elle se trouve, de
» façon qu'elle n'est plus censée agir en rien par
» elle-même. Aussi, nos lois normandes appellent-
» elles, en vieux français, une femme mariée,
» *feme coverte*, femina viro co-operta. Les mêmes
» lois appellent le mari, *covert baron*, et disent
» que, pendant tout le temps du mariage, la
» femme est sous la protection de son baron
» ou seigneur, et n'a d'autres couvertures que
» lui (2). »

On trouve dans les Kings, livres anciens et canoniques chez les Chinois, ces expressions en

---

(1) *Instit.*, liv. 1, tit. 9, n° 1.
(2) Blackstone, *Commentaires sur les Lois anglaises.* Tom. 2, pag. 159.

parlant du mariage, *il est le lien de toute la vie, une union éternelle*, et bien d'autres semblables, qui indiquent et supposent la croyance de l'indissolubilité du mariage (1).

SECTION DEUXIEME.

Les Enfans nés, ou à naître, sont un obstacle invincible à la dissolution du mariage.

L'ETAT auquel chaque mariage offre en perspective, dans la naissance des enfans, un moyen de réparer ses pertes et d'augmenter ses forces, y intervient pour y veiller aux intérêts des enfans à naître. Ainsi, tout mariage est formé par le concours de trois parties distinctes : le mari, chef de la société présente, et de la famille en espérance; la femme, membre essentiel de l'une et de l'autre; et l'Etat, protecteur de la société qui doit produire les enfans, et de la famille hors de laquelle ces tendres arbrisseaux ne peuvent croître ni résister aux orages.

« Dans les sociétés ordinaires, on stipule pour
» soi, sur des intérêts obscurs et privés, et
» comme arbitre souverain de sa propre fortune.
» Dans le mariage, on ne stipule pas seulement
» pour soi, mais pour autrui; on s'engage à de-
» venir comme la seconde Providence de la

---

(1) M. l'abbé Chapt de Rastignac. *Accord de la Révélation et de la Raison contre le Divorce*, pag. 347.

» nouvelle famille à laquelle on va donner l'être :
» on stipule pour l'Etat, on stipule pour la société
» générale du genre humain. Le public est donc
» toujours partie dans les questions de mariage ;
» et indépendamment du public, il y a des lois
» dont on ne peut avoir ni la volonté ni le pou-
» voir de faire le préjudice : la société conjugale
» ne ressemble donc à aucune autre (1).

Un des époux prétend-il dissoudre la société
et la famille, parce qu'elles n'ont plus de charmes
à ses yeux, parce qu'elles lui sont odieuses, parce
que l'union qui devoit faire son bonheur est pour
lui la source des chagrins les plus cuisans ; ses
ennuis, ses dégoûts, ses justes plaintes ne peuvent
rendre temporaires des nœuds indissolubles de
leur nature. Il étoit libre de naviguer, solitaire,
sur le fleuve de la vie ; il l'a été encore dans le
choix du compagnon avec lequel il a désiré le
parcourir : mais, ce choix fait, il ne lui est pas
plus possible de débarquer son compagnon sur
la plage, que de remonter la vie, au terme de
laquelle chaque instant le précipite.

Il arrive quelquefois que le mari et la femme
éprouvent une aversion réciproque ; et que,
fatigués l'un de l'autre, ils cherchent à secouer
le joug insupportable d'un mariage éternel. Alors
les deux parties fortes de la famille, tendent à
sa dissolution, au préjudice de la partie foible,

_____

(1) Discours de M. Portalis au Corps-Législatif, sur l'organisation des Cultes.

c'est-à-dire des enfans, qui ont tout à perdre. Heureusement le concours des trois parties contractantes est indispensable pour anéantir la société formée par deux d'entr'elles, dans l'intérêt, et avec le représentant de celle qui n'existoit pas encore. Toujours mineurs dans leurs rapports avec la famille, les enfans ne peuvent jamais prêter de consentement valable à ce que la société, qui en est la base, soit rompue. L'État, qui stipule pour ses pupilles, a droit de rendre leur condition meilleure; mais il n'a pas celui de sacrifier leurs droits, qui sont imprescriptibles, et hors du commerce. Lorsqu'il les abandonne, il est réellement, suivant l'expression énergique de M. de *Bonald*, « le complice du brigandage que commettent, » sans égard pour les droits de la partie foible, les » deux parties fortes de la famille. » Ainsi tout mariage contracté librement, sous les auspices de la puissance publique, et dont une famille est le résultat actuel ou possible, est, de son essence, indissoluble.

SECTION TROISIEME.

L'indissolubilité du mariage est une règle inviolable pour tous les citoyens, quelle que soit leur croyance.

LE principe de l'indissolubilité du mariage est applicable à tous les époux, quel que soit le culte qu'ils professent. En effet, si la puissance publique doit leur accorder, sans réserve, la liberté de conscience, elle peut et doit leur interdire le divorce, parce qu'il entraîne la dislocation de la famille, et que l'intérêt des enfans, qui sont l'espérance de l'Etat, et ses pupilles, y met un obstacle invincible.

Ces principes éternels, comme l'essence des choses, furent la base de l'arrêt célèbre que le Parlement de Paris rendit en 1763 dans la cause de *Borac Lévi*, contre l'évêque de Soissons et le curé de Villeneuve. Le juif *Borac Lévi* étoit marié, depuis plus de quinze ans, à *Mandel Cerf*, de la même nation : deux enfans devoient la naissance à ce mariage. *Borac Lévi*, devenu chrétien, fit à sa femme des sommations juridiques d'imiter son exemple, et de se convertir. *Mandel Cerf* lui répondit, qu'elle entendoit demeurer fidèle au culte hébraïque, et qu'elle le sommoit, à son tour, de lui envoyer un libelle de divorce. *Lévi* crut pouvoir la satisfaire; il lui envoya, en conséquence, des lettres de divorce, suivant l'usage et les cérémonies des juifs, et voulut épouser Anne *Thévart*, de la paroisse de Villeneuve, où il demeuroit lui-même.

Le curé de Villeneuve, et derrière lui l'official et l'évêque de Soissons, s'opposèrent aux secondes noces auxquelles *Lévi* voulut convoler du vivant de sa première femme.

Sur l'appel, comme d'abus, d'une sentence de l'officialité de Soissons, qui avoit déclaré *Lévi*

non recevable, *Loiseau* de *Mauléon*, avocat
de *Lévi*, soutint que l'indissolubilité du mariage
n'étoit pas une loi de la nature, mais une loi
positive, divine, et que le mariage formé hors
de la foi de Jésus-Christ pouvoit, en certains
cas, se dissoudre. Il invoquoit un arrêt du Conseil souverain de Colmar, en date du 29 mars
1749, qui avoit déclaré n'y avoir abus dans le
mariage contracté par une juive convertie,
encore que son mari, juif, offrît de cohabiter
avec elle; et il rapportoit même plusieurs déci-
sions de l'autorité ecclésiastique, toutes favorables à son système.

M. l'avocat-général Séguier traita la question
importante soumise à l'autorité civile, avec cette
profondeur, cette clarté, cette logique, cette
éloquence dont le barreau conservera long-
temps le souvenir. Il montra que le mariage étoit
indissoluble de droit naturel, de droit divin et de
droit civil, sans que ce principe pût souffrir
la moindre exception. Il fit voir que le mariage appartenoit autant à l'état politique qu'à
la religion ; que les princes peuvent en coor-
donner les effets et les charges, conformément
à son essence; et que s'il étoit vrai que l'Eglise
eût souffert qu'on remariât un juif converti et
abandonné par sa femme infidèle, la loi civile
et les magistrats n'en devoient pas moins interdire toute dérogation à la maxime fondamentale
et salutaire de l'indissolubilité du mariage.

L'arrêt du Parlement, conforme aux conclusions de M. l'avocat-général, débouta *Borac Lévi* de toutes ses demandes (1).

Aujourd'hui, les cours n'étant plus que les organes des lois existantes qu'elles doivent faire exécuter, quelles que soient leurs imperfections, tant qu'elles n'ont pas été détruites ou modifiées par la puissance législative, ne pourroient pas se fonder sur l'essence du mariage pour écarter une demande en divorce, parce qu'une loi positive déclare le mariage dissoluble.

Mais le Monarque et les deux Chambres, dans lesquels réside la puissance législative, s'empresseront d'abolir une loi qui dénature et corrompt le mariage, et en fait une société temporaire. En la déclarant indissoluble, ils lui rendront sa dignité primitive ; ils éviteront aux époux les suites fâcheuses d'un parjure ; ils rendront plus intime et plus solide l'union des familles, dont la partie tout à la fois la plus intéressante et la plus foible est menacée par le divorce dans ses rapports nécessaires, dans son éducation, dans ses mœurs et dans son existence.

---

(1) *Code Matrimonial*, part. 3, arrêts et règlemens, pag. 455 et suivantes.

CHAPITRE TROISIÈME.

Le Divorce est contraire au bonheur des Familles.

———

SECTION PREMIÈRE.

Le Divorce augmente le nombre des unions mal assorties.

———

En effet, la seule perspective d'un divorce possible ne fait du mariage qu'une situation de la vie, où le présent est tout aux yeux d'une jeunesse légère, que le plaisir ou l'intérêt du moment porte à contracter des liens mal assortis, et qui se joue des chaînes qu'elle va prendre, parce qu'elle sait que d'un instant à l'autre elle pourra s'en affranchir.

Une femme sortie de la classe du peuple, sans bien et sans mœurs, mais riche des dons de la nature et habile dans l'art de la séduction, entraînoit jadis à de folles dépenses le jeune homme distingué par sa naissance, son éducation et sa fortune, dont elle avoit fait la conquête ; mais ses enchantemens étoient presque toujours inutiles, lorsque, jalouse de donner plus de consistance à l'esclavage où elle l'avoit réduit, elle osoit aspirer au titre honorable d'épouse. Ce jeune homme frémissoit à la seule idée d'un lien éternel,

avec une femme dans la compagnie de laquelle
il ne pouvoit se montrer ni à son vieux père, ni
à sa famille, ni à la société, que son rang, ses
alliances et son état l'appeloient à fréquenter.
Souvent même les tentatives faites pour l'amener
à un mariage, l'éclairoient sur la perfidie de la
femme qui le tenoit dans ses fers, et, aidé des
conseils de quelques amis vertueux, il secouoit
entièrement le joug funeste qui l'avoit exposé à
voir consommer son déshonneur.

Aujourd'hui, ce jeune homme n'hésite plus à
contenter, sur l'article du mariage, la femme
au char de laquelle il est attaché, si, feignant
de prétendus scrupules, et avare de ses faveurs,
elle ne lui fait entrevoir que dans l'union conjugale la jouissance à laquelle il aspire; car, il ne
craint pas que cette femme soit infidèle, puisque
si elle viole sa foi, il saura bien demander le
divorce; il ne redoute pas non plus la censure
publique, ni l'espèce d'exil où il vivra loin de
sa famille, parce que cette censure et cet exil
n'auront qu'un temps, comme l'union, qu'un caprice lui fait contracter, et qu'un autre pourra
dissoudre.

L'homme sans mœurs et sans principes, tour-
menté du désir de posséder une fille belle et vertueuse, s'efforçoit autrefois, comme aujourd'hui,
de vaincre sa résistance par des promesses brillantes et par les sermens d'une fidélité inviolable;
mais autrefois, il renonçoit presque toujours à sa
poursuite, lorsqu'il étoit bien convaincu qu'un

mariage légitime pouvoit seul lui procurer les faveurs qui étoient l'objet de ses vives recherches.

Aujourd'hui, il affecte d'étouffer un amour profane, et offre une alliance éternelle à la vierge simple et crédule dont il n'a pu faire sa concubine; elle accepte, sans défiance le titre d'épouse qui la flatte, et qui lui semble devoir assurer son bonheur. L'infortunée, elle ne sait pas que ce titre est plus fragile encore que les attraits qui le lui ont mérité ; et qu'après avoir savouré les dons ineffables qu'elle lui prodigue, son mari l'abandonnera un jour pour contracter un nouveau mariage qui convienne mieux à son rang et à sa fortune.

Autrefois, un père avare ou ambitieux hésitoit à unir sa fille à l'homme puissant, mais corrompu dont il devoit redouter pour elle les débauches, la prodigalité et les sévices.

Aujourd'hui, que la loi présente aux époux, comme le remède infaillible de tous leurs maux, la coupe empoisonnée du divorce, il ne s'alarme pas des malheurs encore incertains qui vont menacer sa fille, parce qu'ils ne seront pas incurables, et qu'elle pourra s'en affranchir en faisant dissoudre son mariage : il conduit, en riant, la victime parée de fleurs à l'homme qui en a traité avec lui, et qui la regarde comme une marchandise dont il peut abuser au gré de ses caprices.

SECTION DEUXIEME.

Le Divorce désenchante le mariage, et en bannit les supports
et les égards mutuels.

——

Sous la loi du mariage indissoluble, les
époux unis par une chaîne éternelle, ne s'isolent
point, par la pensée, l'un de l'autre; ils éprouvent
au contraire le besoin de se prêter une assistance
réciproque, pour diminuer, autant qu'il est en
leur pouvoir, les peines et les embarras du voyage
qu'ils font de compagnie, et dont la mort seule
est le terme. Les différences d'humeur et de
caractère deviennent avec le temps moins sensibles. Il s'établit entre des époux inséparables,
une sorte d'amalgame, qui fait qu'ils s'inoculent
réciproquement leur manière d'être, et qu'ils ont
au moral, sous le rapport des habitudes, et même
sous beaucoup d'autres, la même physionomie;
il en subsiste néanmoins quelques-uns, où
l'individualité est plus tranchante : de là ces
divergences d'opinions, ces goûts opposés, qui
troublent parfois l'intelligence des meilleurs
ménages. Mais les époux alarmés de ne plus
s'entendre, se rapprochent bien vite, dans la
crainte que la discorde ne vienne à répandre

ses funestes poisons sur tous les jours de leur
vie. Sous la loi du divorce, l'époux contrarié,
offensé par l'autre, ressent plus vivement son
injure; il pardonne plus difficilement à un époux
dont il peut se détacher un jour, et dans le sort
duquel le sien n'est plus nécessairement confondu.
Chacun des époux reproche à l'autre, avec amertume, ses moindres torts, et jusqu'aux défauts qu'il
tient de la nature. Leurs esprits s'aigrissent ; la vie
commune leur paroît insupportable , et s'ils ne
s'accordent pas pour demander conjointement le
divorce , le plus animé et le moins délicat n'est
pas embarrassé pour se ménager un moyen infaillible de rompre des liens, dont il veut à tout
prix s'affranchir (1).

_____

(1) Lorsque le mariage est indissoluble, on craint d'aggraver,
par la désunion, un joug qu'on n'est pas libre de rompre. La
nécessité a les plus heureux effets dans ce cas : elle devient
le principe de la vertu. Mais lorsque la perspective du divorce se présente à la pensée des époux, à chaque orage domestique , l'époux mécontent ne considère plus l'autre comme une
partie essentielle de lui-même. Il ne s'y attache pas, précisément
parce qu'il peut n'y être pas toujours attaché. De là, les querelles,
l'aigreur, les reproche samers , enfin , le divorce entre des époux,
qui auroient vécuheureux s'ils n'avoient pas été libres de rompre
leur chaîne.

L'abbée Chapt de Rastignac, *Accord de la révélation et de
la raison contre le Divorce*, pag. 321.

Si l'amitié des époux est solide et sincère, elle ne peut que
gagner à l'indissolubilité du mariage; si elle est incertaine et chan-
celante , c'est le meilleur moyen de la fixer; il ne faut qu'une
prudence médiocre pour oublier je ne sais combien de querelles et dégoûts frivoles lorsqu'on se voit obligé de passer sa vie
ensemble , au lieu qu'on les pousseroit aux dernières extrémités.

Denis d'Halicarnasse donne les plus grands éloges aux anciennes

SECTION TROISIÈME.

Le Divorce accoutume les époux à des parallèles fâcheux.

———

Les anciens donnoient à l'amour un bandeau ;
le but de cette ingénieuse allégorie, étoit d'apprendre, que le véritable amour a besoin du
mystère, et qu'il est aveugle sur les défauts de
l'objet aimé. Ils disoient encore que Psyché,
curieuse de connoître si l'Amour, qu'elle n'avoit
jamais vu, et qui lui rendoit toutes les nuits sa
visite, n'avoit pas quelques défauts secrets,
approcha de lui la lumière pendant son sommeil ;
qu'il en fut blessé, et qu'il s'envola pour ne
plus revenir. Cette fable charmante enseigne
aux époux, qu'ils ne doivent point soulever le
voile qui couvre leurs imperfections mutuelles ;
que toute recherche à cet égard est dangereuse,
et qu'il y va pour eux, de leur repos et de leur
félicité.

En effet, c'est presque toujours dans un instant

———

lois de Rome, qui interdissoient le divorce ; il régnoit, dit-il,
une harmonie admirable entre les époux produite par l'union inséparable des intérêts. Considérant la nécessité inévitable qui les
lioit, ils abandonnoient toutes les vues étrangères à cet établissement.

d'humeur et de dépit, qu'un des époux est tenté de scruter les imperfections de l'autre ; sa première idée est d'établir une comparaison, de laquelle il résulte qu'il est le plus parfait des deux, et que c'est lui qui a le plus à souffrir. Mais bientôt il s'aperçoit que c'est dans le même sexe qu'il faut chercher un parallèle.

La jeune épouse, encore toute émue d'une scène un peu vive, avec le mari capricieux et hautain, qui pour la vingtième fois la querelle, ou lui fait éprouver des refus humilians, sur les choses les plus innocentes, est distraite par la visite d'un homme en possession de plaire aux femmes, et qui néanmoins l'avoit toujours trouvée insensible. Les avenues de son esprit et de son cœur avoient été bien gardées, tant qu'elle s'étoit fait un devoir de regarder tous les hommes avec indifférence, et que son mari avoit été constamment à ses yeux le plus aimable. Maintenant qu'elle en doute, et qu'en l'absence de son mari, qui a des torts à ses yeux, elle le compare à l'étranger qui flatte ses goûts, irrite son amour-propre, et se déclare l'esclave de ses volontés, elle pense que cet étranger vaut mieux que son mari. Encore quelques jugemens de cette espèce, répétés à de courts intervalles, elle en viendra insensiblement à regretter que l'étranger, qui a des manières si nobles et si gracieuses, ne soit pas son mari.

Autrefois, le mariage indissoluble étoit un

rempart, derrière lequel la pudeur et le devoir
luttoient avec avantage, contre la séduction
dans le cœur d'une femme honnête. Où suis-je,
où m'emporte un penchant funeste! s'écrioit cette
jeune femme, à la vue de l'abîme où elle étoit prête
à se plonger. Si je fais un pas de plus, je
trahis la pudeur; je viole la foi promise, je m'a-
baisse au rôle infâme de concubine : car cet
homme que j'aime, ne peut être mon époux,
puisque des nœuds indissolubles m'attachent à un
autre. Qu'il s'éloigne à toujours de moi, cet homme
qui ne peut m'offrir que le déshonneur, pour prix
du parjure auquel il m'entraîne. Qu'il s'enor-
gueillise, s'il ne m'aime point, de l'impression
profonde qu'il a faite sur mon foible cœur; mais
qu'il renonce à l'espoir de me rendre coupable.
L'époux que j'allois trahir, est, disoit-elle alors,
le père de cet enfant, que je presse contre mon
cœur, et dont les caresses en cicatrisent toutes
les blessures. Oui, je sens que j'aime encore
l'homme qui reçut à la face du ciel et de la
terre mes sermens éternels, et qui me donna en
échange de ma virginité le doux titre de mère (1).
Quel autre pourroit entrer en concurrence avec

---

(1) Ignore-t-on la force de l'habitude, et surtout de cette
réflexion : c'est le père, c'est la mère de mes enfans? (M. de
Maleville, *Traité contre le Divorce*, pag. 28.)

lui ? C'en est fait : amour profane , vous avez
perdu votre empire ; mon cœur n'aimera plus
rien désormais, hors du cercle de ses devoirs.
Et qui sait si ma résignation , ma douceur , mes
soins tendres et délicats, ne dépouilleront pas
insensiblement de sa rudesse, ce caractère dur et
sauvage , dont le joug tyrannique révolte ma
fierté , et si, à force de vivre ensemble, nous ne
parviendrons pas à nous voir , d'abord sans
aigreur , ensuite avec quelque plaisir, et même
à nous trouver heureux sur le déclin de nos jours
dans la compagnie l'un de l'autre ?

Maintenant , cette jeune femme n'est plus
retenue par la grande et sévère image d'un
mariage indissoluble, devant laquelle s'évanouis-
soient tous les enchantemens de la volupté.
Au plus fort de la tempête qui agite son cœur ,
l'inconstance et la passion qu'elle s'efforce de
combattre, empruntent, pour la vaincre, la voix
insinuante du divorce , qui murmure à son oreille
que tout change dans la nature , qu'on peut
quitter le mari qui déplaît et offense , et en
épouser un autre , pour lequel on éprouve une
sympathie secrète ; qu'il y a trop de rigueur à
se montrer inexorable à un amant fidèle , lorsqu'il ne réclame que les prémices de faveurs qui
seront bientôt légitimes.

Pudeur expirante , que répondrez-vous à ce
langage ? Devoirs sacrés du mariage , dont le

flambeau est prêt à s'éteindre, pourrez-vous encore vous faire entendre? Que deviendra cette fleur délicate, désormais sans appui pour résister à l'orage? La vertu de cette jeune femme, contre laquelle tout conspire, échappera-t-elle au danger qui l'environne? Il faut l'espérer. Mais n'est-elle pas bien funeste, la loi qui encourage ainsi les passions, et affoiblit de telle sorte la résis-sistance dans « ce sexe, qui, fortement armé » contre la peine et la douleur, est presque sans » armes contre la séduction de la nouveauté et » l'attrait du plaisir.(1)? »

SECTION QUATRIÈME.

Le Divorce est le plus grand fléau pour les femmes, dans l'intérêt desquelles il semble introduit.

LA virginité a quelque chose de mystérieux et de céleste, qui l'a rendue chez tous les peuples l'objet d'une espèce de culte, et qui s'évapore dès qu'on y touche, de même que la rosée pure qui brille le matin sur le calice des fleurs, et qu'aspirent les premiers rayons du soleil. Elle a donc perdu dès le soir du premier jour, sa plus belle parure, la jeune vierge passée d'hier sous les lois du mariage; elle a encore la fraîcheur

(1) M. Carion de Nisas, *Discours au Tribunat, contre la loi du Divorce.*

et l'éclat de la rose, mais ce n'est plus ce bouton, chef-d'œuvre de la nature, ce charme inexprimable, qui commande et modère les desirs, et qui dans l'opinion de tous les peuples a toujours fait attacher tant de prix à la possession d'une vierge belle et modeste. Voilà ce qui lui en coûte pour acquérir le titre d'épouse et l'espoir d'être mère. Les fatigues de la maternité, les maladies, les plaisirs mêmes, le temps seul flétriront ces appas enchanteurs qui font aujourd'hui son cortége. Ainsi s'échappera de ses mains ce sceptre de la beauté, qui aura d'abord maintenu son empire sur le cœur de son mari.

Lorsque le mariage étoit indissoluble, le mari promettoit à sa jeune épouse que, lorsque l'amour sembleroit se lasser d'être en tiers avec eux, l'amitié toujours tendre et délicieuse entre les deux sexes, lui succéderoit sans intervalle, et que la femme de sa jeunesse, seroit l'amie de ses vieux jours, partageroit avec lui l'autorité domestique, et jouiroit de tous les droits et de tous les égards qui appartiennent à une mère de famille. Forte de cette promesse, donnée sous la foi des sermens, et garantie par la puissance publique, l'épouse qui s'étoit consacrée toute entière au bonheur de son mari, dans l'âge où tout étoit piége et séduction pour elle, se voyoit sans dépit et sans alarmes, sur les confins de cet âge intermédiaire, qui est celui

de la force pour les hommes et de la décadence
pour les femmes; car elle y arrivoit avec des
vertus solides, des qualités précieuses, une
science parfaite des soins du ménage, l'estime
de son mari, l'amour de ses enfans, le respect
de ses serviteurs et la considération publique.
Quelquefois son mari osoit porter ailleurs ses
hommages; mais un attrait invincible le ramenoit
bientôt dans les bras de l'épouse dont la mort
seule devoit le séparer, et qui avoit acquis tant
de titres à sa vénération et à sa reconnoissance.
Le mari devenu vieux se trouvoit à l'unisson
de sa femme, dont la vieillesse étoit moins ca-
duque; privés de la compagnie de leurs enfans,
appelés au loin par leur négoce, ou le service
du prince, solitaires au milieu du monde qui ne
cherche que les sociétés bruyantes, réduits à se
suffire à eux-mêmes, ces vieillards se pressoient
l'un contre l'autre, pour confondre en quelque
sorte leur existence. Leurs nuits étoient paisibles,
car leur conscience étoit pure; leurs journées
n'étoient pas sans douceur, car ils allégeoient
les souffrances présentes, par les souvenirs
agréables du passé. L'histoire de leurs premières
amours, de la naissance de leur premier enfant,
de ses premières caresses, de ses premiers succès dans les écoles, revenoit sans cesse, et toujours avec un nouveau charme, dans leurs entre-
tiens.

Ils parloient de la mort comme du passage à une meilleure vie, où leurs cœurs continueroient de s'entendre; leurs vœux se bornoient à demander au ciel qu'il lui plût de les rendre ensemble à la terre, pour ne pas condamner l'un d'eux au malheur de mourir deux fois.

Femmes sensibles, voilà le sort que vous réserve le mariage indissoluble : s'il n'est plus qu'une association temporaire, hélas, que vous êtes à plaindre! et que de malheurs attendent celles qui se laisseront éblouir par les appas trompeurs du divorce!

A peine quelques jours d'agitation et de plaisir ont-ils été se perdre dans la nuit des siècles, et déjà un mot, un regard, un geste mal interprétés, affligent le cœur de la jeune épouse, que trouble la seule pensée d'un divorce possible, et qui songe que son mari sera libre de la répudier, s'il vient à en aimer une autre. La froideur de son mari, les hommages qu'il prodigue à des femmes aimables, le simple soupçon d'une infidélité, d'ailleurs mystérieuse, la plongent d'abord dans une mélancolie profonde. Un reste de fierté lui fait ensuite relever la tête; elle s'indigne de l'humiliation qu'elle éprouve, elle ne voit plus de remède au mal qui l'afflige, et dont son âme ardente exagère à ses yeux les tristes suites: elle ne s'occupe donc plus que de l'avenir; elle cherche à démêler parmi les hommes qui lui offrent leur

encens, s'il n'en est pas un dont elle puisse
faire un mari, lorsque le joug de son premier
mariage sera brisé. Croit-elle rencontrer un
amant qui ait l'écorce des qualités qu'elle désire,
elle est pour lui plus prévenante, moins sévère,
elle lui confie ses chagrins et ses peines, sa
pudeur ne s'en allarme pas : il faut bien que cet
amant entrevoie le titre et les priviléges qu'on
lui destine; autrement il pourroit être tenté de
faire d'autres conquêtes; et puis il seroit trop
tard de faire un choix, lorsqu'on ne conservera
plus que le désir sans les moyens de plaire. Dans
une position aussi délicate, il est impossible que
cette femme remplisse dans toute leur étendue,
ses devoirs d'épouse et de mère. Le mari, prompt
à s'en apercevoir, renoncera bientôt à ces égards,
à ce respect avec lesquels il cherchoit à pallier
ses torts envers une épouse vertueuse. Ses scrupules se dissiperont à mesure que la conduite de
cette épouse deviendra moins régulière et plus
équivoque. Il demandera donc le divorce, et la
femme qui s'y sera préparée de longue main, n'y
opposera qu'une résistance hypocrite, « ou consen-
» tira même à prendre l'initiative pour cause de
» prétendues sévices, ou d'un adultère de con-
» vention dans le domicile conjugal, avec quel-
» ques unes de ces misérables qui trafiquent de
» leurs personnes et de leur opprobre (1). »

_____

(1) M. Carion de Nisas, *Disc. au Tribunal*, *contre le Divorce.*

Le mariage rompu, cette femme s'empressera d'accorder sa main à l'homme qui a promis de la rendre heureuse. Attentive à satisfaire jusqu'à ses caprices les plus bizarres, elle réussira quelque temps à le captiver, et à en obtenir, du moins en apparence, un doux retour ; mais il ne tardera point à lui faire sentir qu'il ne l'a jamais aimée, et que son mariage n'a été qu'une spéculation financière. Bientôt elle ne commandera plus dans sa propre maison, elle y sera comme étrangère, et tout y reconnoîtra les lois de celle qui doit occuper sa place, et recueillir le fruit de ses libéralités imprudentes. Abreuvée d'outrages et d'amertumes, mais redoutant l'éclat d'un second divorce pour cause déterminée, il faudra bien qu'elle accepte avec reconnoissance le divorce par consentement mutuel, dont les délais et les formalités ne serviront qu'à prolonger son supplice. Dépouillée de ses biens, par son second mari, déshonorée par deux divorces, appesantie par les années, le front ridé par les noirs soucis, essaiera-t-elle d'un troisième mariage ? Elle y penseroit vainement. Qui pourroit être tenté désormais de posséder la personne, et de partager sa misère ? En proie à l'ennui et au remords, elle sera étrangère au milieu de sa patrie et de sa famille : elle souffrira au physique et au moral; et elle ne trouvera personne qui compatisse à sa douleur. Elle de-

mandera des conseils et des consolations, et elle
sera délaissée du monde entier. A sa dernière
heure le ministre de la religion viendra lui rappeler qu'il n'y a point de fautes inexpiables, et
lui ouvrir les trésors de la miséricorde divine.
Mais un sombre désespoir se sera emparé d'elle ;
elle maudira la Religion et son ministre ; aban-
donnée de Dieu et des hommes, elle mourra la
haine dans le cœur et le blasphème sur les lèvres:
aucuns regrets, aucuns vœux n'accompagneront
au champ du repos sa dépouille mortelle ; aucune
larme ne sera versée sur sa tombe.

Partisans du divorce, contemplez votre ouvrage !

SECTION CINQUIÈME.

Le Divorce étouffe les sentimens de la nature, dans le cœur des
  pères et des mères occupés de leur nouvelle famille, à l'égard
  des enfans de celle qu'ils ont détruite.

LE divorce autorise la polygamie successive,
plus funeste encore que la polygamie simultanée.
En Orient, le mari, despote dans l'intérieur de
sa famille, la maintient dans un ordre parfait,
et tout y respecte son empire. Ses femmes sont
autant d'esclaves empressées à deviner ses désirs,
et fières de la moindre préférence ; chacune
d'elles aime exclusivement les enfans dont elle

est la mère, et voit d'un œil de jalousie les enfans
des autres. Mais le chef de la famille, père
commun de tous ces enfans, auxquels il donne
l'entretien, la nourriture et l'éducation convé-
nable, a pour eux tous les mêmes entrailles. Ainsi,
la rivalité des mères est peu nuisible aux enfans
des diverses femmes, parce que le seul pouvoir
de la famille protége essentiellement des enfans
qui lui doivent tous l'existence.

Mais lorsque deux époux, exaspérés par
leurs soupçons, quelquefois téméraires, et par
leurs infidélités, auxquelles ces soupçons ont
servi de voile et d'excuse, ont fait rompre un
mariage qui n'avoit pas été stérile, et contractent de nouveaux liens avec d'autres personnes, le cœur le plus insensible doit s'attendrir
sur le sort des enfans des premiers lits, quelquefois encore au berceau, qui sont exposés à une
persécution sourde et à des tracasseries perpétuelles propres à aigrir leur caractère. En effet,
le mari, jaloux de plaire à sa nouvelle épouse,
et plein de tendresse envers les fruits de leurs
amours, voit avec indifférence, et quelquefois
même avec dépit, les enfans d'un mariage qui lui
retrace de pénibles souvenirs; il regarde comme
une charge pesante les dépenses que leur entretien et leur éducation exigent; souvent même
il poussera la foiblesse jusqu'à confier le soin des
enfans du premier lit à sa nouvelle épouse, qui,

égarée par la tendresse maternelle, sera féconde en moyens toujours nouveaux pour acca-
bler du poids de sa haine ces innocentes et mal-
heureuses créatures. Intéressés à caresser la passion favorite de leurs maîtresses, les serviteurs
des deux sexes se feront un jeu cruel de refuser
à ces infortunés les choses les plus nécessaires, et
de les contraindre aux démarches les plus humi-
liantes pour en obtenir une foible partie.

Les enfans du premier lit de la femme divorcée
qui en a d'autres d'un second mariage, conser-
veront une place dans le cœur de leur mère, mais
ils paroîtront toujours importuns et fâcheux à son
nouvel époux, qui, redoutant leur influence, tra-
vaillera sans cesse à la détruire, ainsi que la
tendresse qui en est le gage. Le cœur de la mère
lui révélera plus d'une fois les injustices dont ses
enfans seront les victimes ; mais incapable de
secouer le joug qui pèse sur elle, n'osant pas
même avouer combien elle souffre des maux de
ses enfans, elle n'aura point le courage de les protéger d'une manière ouverte : elle ne leur donnera
presque toujours que des consolations stériles, si
son mari en témoigne le désir ; elle les obligera elle-
même à déserter le toît qui les a vus naître ; c'est
beaucoup si, par intervalle, et avec mystère, elle
adresse pour eux quelques foibles secours aux personnes qui ont bien voulu leur accorder un asile.

Si l'homme et la femme dont l'union a été

productive, et qui ont passé tous deux, après un premier divorce, à de secondes noces également fécondes, se débarrassent encore de ces nouveaux liens, et tentent un troisième mariage, quel amalgame affreux que celui de ces enfans de cinq mariages, qui se détestent, qui se regardent comme autant de nations ennemies, et que leurs parens eux-mêmes excitent à une guerre intestine! Quelle famille que celle qui s'élève sur les débris de quatre autres, au milieu des plaintes, des murmures, des querelles, des imprécations des malheureux nés des premières unions, et voués à une espèce d'anathème!

L'auteur d'Emile étoit sans doute vivement frappé des maux incalculables dont plusieurs divorces successifs, et même un seul, accablent les enfans des mariages dissous, lorsqu'il disoit « que les enfans fourniront toujours une raison » invincible et naturelle contre le divorce (1). »

Montesquieu lui-même, dont l'immortel ouvrage auroit été le code de tous les siècles, s'il avoit moins cherché à plaire au sien par des paradoxes brillans et des explications plus ingénieuses que solides, après avoir posé en principe, sans aucune preuve, « que le divorce a une » grande utilité politique, et qu'il est avantageux » pour le mari et pour la femme, » est forcé de

_____

(1) Emile, liv. 5.

» convenir qu'il n'est pas toujours favorable aux
» enfans (1). » Peut-il l'être jamais? Dans quelle
hypothèse imaginaire le divorce des époux, dont
chacun s'occupe d'un nouveau mariage, est-il
dans l'intérêt de la famille qu'il détruit et disperse?
Montesquieu étoit sans doute trop éclairé pour
ne pas apercevoir que les enfans ont toujours
beaucoup à souffrir de la rupture des liens sacrés
qui unissent ceux auxquels ils doivent la naissance. Mais un aveu complet l'auroit conduit à
la même conclusion que *Rousseau*, et il ne vou-
loit pas abandonner, dans son *Esprit des Lois*,
la doctrine fort commode qui lui avoit fourni
dans ses *Lettres Persanes* quelques plaisanteries
assez piquantes sur les époux éternels et sur les
mariages indissolubles.

SECTION SIXIÉME.

Le Divorce est une école d'immoralité pour les enfans de la
famille qu'il dissout et bouleverse, et prépare la dissolution et le
bouleversement de plusieurs autres.

———

LE mariage indissoluble est la base d'une
famille perpétuelle; les membres de cette famille
sont unis ensemble par une chaîne continue de
devoirs, d'amour, de rapports nécessaires, de
sacrifices, de jouissances pures comme la vertu

———

(1) Montesquieu, *Esprit des Lois*, liv. 16, chap. 15.

qui les inspire. L'enfant, accoutumé à tout recevoir de ses parens, à leur obéir, à être l'objet de
leur sollicitude et de leurs caresses, contracte,
sans efforts, et par le seul instinct de la nature,
la piété filiale, qui doit être leur plus douce récompense. C'est le fil avec lequel ils le conduisent
dans les sentiers pénibles de la vertu, où ils
marchent eux-mêmes depuis leur jeunesse. L'enfant ne trouve ni ronces ni épines sur une route
que ses parens lui ont tracée par leurs exemples,
et où ils lui servent encore de guide.

Lorsqu'il arrive à l'époque où il peut songer
à devenir aussi père de famille, il prend sa mère
pour le modèle de la femme qu'il cherche; s'il la
trouve, il l'aime et l'honore, comme son père a
aimé et honoré sa mère. La reconnoissance envers
les auteurs de ses jours est pour lui un besoin, et
il est ingénieux à multiplier les moyens de leur
en donner des preuves. Il les aide dans leurs
travaux et les console dans leurs peines; il est
leur appui dans leur vieillesse, comme ils ont été
le sien dans son enfance. Il inspire, pour leurs
personnes, à ses enfans la vénération la plus profonde. Ces bons aïeux comblent leurs petits-fils des
marques de leur tendresse, et, déguisant sous
des formes amusantes les leçons qu'ils leur
donnent, s'étudient à les pénétrer des plus sages
maximes. La troisième génération, instruite et
formée par les deux autres, s'appliquera à les

imiter, et perpétuera à son tour la race des
hommes religieux et fidèles à leurs épouses, au
prince et à l'honneur. C'est ainsi que le feu sacré
s'est entretenu dans ces maisons d'antique origine, où l'on diroit que le titre de chevalier sans
peur et sans reproche est héréditaire, et qui ont
si bien résisté à toutes les terreurs et à toutes les
séductions de la dernière tyrannie; et encore
dans ces familles moins illustres, qui conservent
la tradition des vertus patriarcales, de l'austère
probité, du noble désintéressement, autrefois si
communs et devenus si rares dans notre siècle :
semblables à ces colonnes éparses sur le sol clas-
sique de la Grèce, qui rappellent à ses nouveaux
habitans les merveilles opérées par les anciens,
et les invitent à lui rendre ses temples, ses palais,
ses cités et sa gloire.

Pouvez-vous espérer cette substitution perpétuelle de vertus et de maximes salutaires dans les
familles, si le divorce en trouble l'harmonie, en
dérange l'organisation intérieure, énerve les res-
sorts qui doivent donner à toute la machine le
mouvement et la vie, et arme le mari contre la
femme, et les enfans les uns contre les autres?

L'enfant, encore dans cet âge où sa mémoire
est comme une table rase, dans laquelle viennent
se classer successivement toutes les impressions
qu'il éprouve, les moindres paroles qu'on lui
adresse, les propos qui se tiennent en sa pré-

4

sence, et ceux même qu'on prononce loin de lui, et que son oreille attentive recueille, forme ses idées sur tout ce qu'il voit, entend et devine. Plus porté, par sa nature corrompue, au mal où le conduit la voix séduisante des passions, qu'au bien vers lequel il faut toujours gravir avec plus ou moins d'efforts, il contracte des inclinations vicieuses lorsque les leçons de vertu qu'on lui donne ne sont pas appuyées par l'exemple de ceux dont elles émanent, qu'ils les démentent par leur propre conduite, et qu'au lieu de lui inspirer quelque respect pour leur autorité, ils l'avilissent à ses yeux, en lui faisant la confidence de leurs querelles, en l'établissant juge de leurs débats, et en cherchant réciproquement à se supplanter dans son cœur, qu'ils se disputent comme la possession de sa personne : or, c'est bien là ce qui arrive toutes les fois que les époux rompent ou se disposent à rompre les liens de leur mariage (1).

S'ils portent une égale affection à leurs enfans, ils cherchent à les rendre acteurs dans la guerre intestine dont ils leur offrent le dangereux spectacle; ils les obligent à se prononcer pour l'un ou pour l'autre, à exalter les soins et la tendresse de l'un, et à se plaindre avec amertume

(1) Une bonne éducation, déjà si difficile pour les parens les plus unis, devient impossible sous la loi du divorce.

(Mad. Necker, *Réflex. contre le Divorce*, pag. 46. 1792.)

de la dureté et des sévices de l'autre. Ils combattent avec le même acharnement dans l'arène judiciaire, pour en avoir, l'un au préjudice de l'autre, la garde exclusive. Le vainqueur aigrit, contre le vaincu, les enfans dont l'éducation lui est confiée ; le vaincu profite des instans où il peut les voir, pour les éclairer par un mot, par un geste, sur les torts de l'époux qui a le bonheur de les posséder, et leur insinuer qu'il travaille, contre leurs véritables intérêts, à son avantage personnel.

Bientôt les deux époux passeront à de nouvelles noces ; d'autres enfans naîtront de ces nouveaux mariages : lorsque les enfans du premier lit se rencontreront avec eux, que de scènes fâcheuses ! que de révélations désolantes ! avec quelle indécence ces enfans, étrangers les uns aux autres, s'exprimeront sur le compte de leurs parens et sur les causes de la haine dont les uns sont victimes, et de la prédilection dont les autres recueillent les fruits chaque jour ! Quelle éducation pourra inspirer l'horreur du vice à des enfans qui l'ont, pour ainsi dire, sucé avec le lait ! quel moraliste sera assez heureux pour pénétrer de la dignité et de la perpétuité du mariage une jeunesse dont les père et mère semblent n'y avoir vu que le rapprochement temporaire des deux sexes (1) ? Le divorce du père occa-

_____

(1) La facilité du divorce introduit dans les rapports de fa-

4

sionnera celui des enfans, qui, corrompus dans un âge plus tendre, en feront une habitude et l'assaisonnement de leurs plaisirs. Ils seront imités par leurs propres enfans, qui le seront par ceux qu'ils auront eux-mêmes (1); et ainsi s'élèveront, à l'ombre de la loi corruptrice du divorce, des races nombreuses d'hommes sans mœurs, sans foi et sans principes, qui ne verront que des rapports, pareils à ceux des animaux, entre le mari et la femme, le fils et la mère (2).

---

mille une anarchie qui ne laisse rien subsister dans sa vérité ni dans sa force. (Mad. la baronne de Staël–Holstein, *de l'Allemagne*, tome 3, page 238.

(1) L'exemple du divorce apprendroit de bonne heure aux enfans à se jouer des liens du mariage, et après avoir été victimes du divorce de leurs père et mère, à rendre un jour leurs propres enfans victimes de leur divorce.

(L'abbé Chapt de Rastignac, *Accord de la révélation et de la raison contre le Divorce*, pag. 233.)

(2) L'on parle de dissensions entre les époux, et l'on passe sous silence les querelles et les haines entre les enfans des divers lits : tantôt méprisant une mère sans pudeur, qui les a sacrifiés à sa passion ; tantôt, ressentant l'injure qu'elle a éprouvée de leur père qui l'a reçue pure et chaste, et qui la renvoie flétrie par sa fécondité même.... Vous voulez des mariages, et vous en ôtez ce sentiment de l'âme, cette pudeur qui les distinguent des cohabitations fortuites, et vous en faites une véritable prostituée ! Si vous ne les avez pas encore corrompus sans retour, c'est que la nature se fait obéir encore, et que, comme l'on peut vivre au milieu des tombeaux, la société peut résister long–temps aux mauvaises lois qui tendent à la détruire. (Discours de M. Siméon, au Conseil des Cinq-Cents, contre le Divorce.)

Toutes les vertus sociales ont leur plus solide base dans les

CHAPITRE QUATRIÈME.

La morale réclame la suppression du Divorce.

————◄◄◄◊►►►————

SECTION PREMIERE.

Le Divorce augmente l'effervescence des passions, au lieu
de les calmer.

————

On a justement comparé les passions humaines
à une mer orageuse ; leurs flots viennent expirer
aux pieds des digues établies pour les contenir.

————————————

vertus domestiques ; et ce sont les mœurs de la famille qui finissent
par former celles de l'Etat. Ces mœurs ont été étrangement alté-
rées par nos institutions révolutionnaires : on eût dit que, pour
fonder la république, il falloit étouffer la nature. Hatons - nous
de réparer nos erreurs, et de rappeler le mariage à sa véritable
institution...... Quels désordres ne verrions-nous pas résulter de
nos délais ! combien de familles désolées ! quelle confusion dans
la société ! Des frères, nés de divers mariages, aussitôt dissous
que formés, ne se reconnoîtroient plus. Des femmes, qui auroient successivement, et rapidement, passé dans les bras de
plusieurs maris, n'appartiendroient proprement à aucun. On
verroit s'établir une sorte de communauté et de promiscuité civile,
qui dégraderoit l'espèce humaine, et la livreroit à des passions
violentes, qui finiroit par la dévorer. Les enfans seroient

Mais si, pour en calmer la furie, on leur ouvre le moindre passage, elles s'y précipitent avec violence, et renversent tous les obstacles : *Quà data porta, ruunt.*

Ils connoissent bien mal le cœur de l'homme, les philosophes, qui prétendent que la passion la plus générale et la plus impétueuse, celle de l'amour, étant plus à son aise sous la loi commode du divorce, ne franchira pas les limites entre lesquelles le législateur a cru devoir la renfermer. « Prescrire des bornes au vice, c'est en » admettre une partie, et outre que cela est » blâmable ; rien n'est d'ailleurs plus dangereux, » car le vice ne demande qu'à faire du chemin, » et pour peu qu'on l'aide, il glisse avec tant » de rapidité, qu'il n'y a plus moyen de le » retenir (1). »

---

presqu'étrangers aux auteurs de leurs jours. Ceux-ci ne sauroient plus où est leur famille ; les noms de père, de fils, d'époux, ne rappelleroient plus les sentimens tendres qui s'y attachent. On verroit disparoître tout ce qu'il y a d'humain dans le cœur de l'homme. Toute moralité s'évanouiroit ; les crimes naîtroient bientôt des vices ; nous ne connoîtrions plus nos relations que par les malheurs et les vices qui nous accableroient au milieu des nations policées ; notre existence entière seroit, pour ainsi dire, un scandale public. (Discours de M. Portalis, au Conseil des Anciens, contre le Divorce.)

(1) *Qui vitiis modum apponit is partem suscipit vitiorum : quòd cùm ipsum per se odiosum est, tum eò molestius, quia sunt in lubrico, incitataque semel proclivè labuntur, sustinerique nullo modo possunt.* (CICER., Tuscul. 4. 18.)

La crainte du divorce n'engagera point une femme passionnée, à sacrifier ses goûts et ses plaisirs aux devoirs austères du mariage. Peut-être eût-elle été fidèle à l'époux dont elle auroit été la compagne inséparable. Mais il peut divorcer, son inconstance en autorise le présage : dès lors, elle ne résiste pas aux séductions qui l'environnent. Une intrigue découverte, amène une querelle, le divorce en est la conséquence. Vient un nouveau mariage, il n'est pas plus saint, plus éternel que le premier. Qu'on tende à cette femme les mêmes piéges, avec la même adresse, elle y tombera encore : de là un nouveau divorce. Si cette femme est belle et riche, qui sait si elle n'arrivera pas à ce point de dégradation et d'infamie, qu'elle compte le nombre de ses années par celui de ses liaisons sérieuses ?

« Quelle femme, dit Sénèque le philosophe,
» rougit maintenant du divorce, depuis que les
» femmes de la première qualité ne comptent plus
» leurs années par les noms des consuls, mais par
» ceux de leurs maris ? Le divorce est le but du
» mariage, et le mariage celui du divorce; on
» en craignit l'éclat tant qu'il fut rare, et comme
» aujourd'hui les registres sont remplis de di-
» vorces, à force d'en entendre parler, on s'y est
» apprivoisé (1). »

---

(1) *Nunc quid ulla jam repudio erubescit, postquàm illustres*

C'est donc avec raison que Mad. Necker regarde le divorce comme étant synonyme de l'adultère (1); l'un mène à l'autre aujourd'hui, comme du temps de Sénèque. « La possession de » plusieurs femmes, dit M. de Montesquieu, ne » prévient pas toujours les désirs pour celle d'un » autre : il en est de la luxure comme de l'avarice, » elle augmente sa soif par l'acquisition des tré- » sors(2) ». La polygamie successive, ou le divorce, a les mêmes inconvéniens ; car elle excite la soif des trésors qu'un autre possède, par l'espoir de les conquérir un jour, à la faveur d'un double

---

quædam et nobiles feminæ non consulum numero, sed maritorum annos suos computant ; etexeunt matrimonii causâ, nubent repudii ? Tam diù istud timebatur quamdiù rarum erat. Nunc quid jam ullus adulteri pudor est, postquam eò ventum est ut nulla virum habeat nisi ut adulterium irritet...... injrunita et antiqua, quæ nesciat matrimonium vocari unius adulterium. (Sénèque, *de Beneficie,* liv. 3 , chap. 16.)

Ce passage de Sénèque rappelle ces vers si connus de Juvénal, dans sa VIe satire :

Hoc volo, sic jubeo : sit pro ratione voluntas.
Imperat ergo viro. Sed mox hæc regna relinquit,
Permutatque domos, et flammea conterit ; indè
Advolat, et spreti repetit vestigia lecti.
Ornatas paulò antè fores, pendentia linquit
Vela domûs, et adhuc viriles in limine ramos.
Sic crescit numerus : sic fiunt *octo mariti*
Quinque per autumnos : titulo res digna sepulchri.

(1) Mad. Necker, *Réflexions contre le Divorce,* page 56.

(2) *Esprit des Lois* , liv. 16, chap 6.

divorce que les lois autorisent. Cette polygamie est même plus dangereuse et plus funeste à la société que celle des Orientaux. « En effet, celle » des Orientaux, renfermée dans le secret de la » famille, se pratique sans trouble et sans scan- » dale ; le divorce fait retentir les tribunaux de ses » plaintes, et amuse l'oisiveté des cercles de ses » révélations indiscrètes. Les Turcs achètent la » fille de leur voisin : nous, avec le divorce, nous » enlevons la femme de notre ami. En Orient les » femmes sont réservées ; en France, depuis l'in- » troduction du divorce, elles ont presque toutes » perdu la pudeur et la modestie, le plus bel » ornement de leur sexe (1). »

SECTION DEUXIÈME.

Toutes choses égales, il y a plus de corruption dans les pays qui admettent le Divorce, que dans ceux qui le repoussent.

———

LES points de comparaison, s'il en existe, doivent être des peuples placés à la même lati- tude, dirigés par les mêmes principes religieux et politiques, ayant les mêmes rapports com- merciaux, également avancés dans les sciences physiques et morales, et qui accordent aux femmes la même liberté et la même influence ;

———

(1) M. de Bonald, *du Divorce au XIXe siècle*, p. 186 et 187.

il faut supposer qu'à la même époque et dans les mêmes conjonctures, le divorce a été offert à ces deux peuples; que l'un l'a reçu et mis en pratique, et que l'autre l'a rejeté comme une institution dangereuse. Dans cette hypothèse, la question à résoudre est celle de savoir chez lequel de ces deux peuples, il y aura, au bout d'un quart de siècle, plus de mœurs et de vertus domestiques : c'est infailliblement chez celui où le mariage est le plus honoré, où les époux s'en forment une plus noble idée, où il les unit par les liens les plus forts, où il les protège contre l'inconstance si naturelle au cœur humain, et où ils s'habituent à chérir des devoirs auxquels une invincible nécessité les attache. Tandis que ce peuple lutte avec succès contre la corruption des mœurs, elle va sans cesse grossissant ses ravages, et entraînant tout avec elle dans le pays, où le caprice d'un instant, le moindre dépit, la plus légère querelle, peuvent produire un divorce, et où un contrat éternel de sa nature, n'a d'autre garantie que la volonté toujours mobile des parties contractantes.

Si, dans quelques pays au nord de l'Europe, les mœurs étoient encore austères vers le milieu du dernier siècle, malgré les lois religieuses et civiles qui permettoient le divorce, « c'est, dit » Madame Necker, parce que la permission du » divorce n'a aucune influence dans les lieux où

» on n'en profite pas. » Ces peuples n'en profi-
toient pas, parce que leur imagination est moins
ardente que la nôtre, parce que la passion de l'or
comprimoit en eux toutes les autres, parce que
l'habitude d'une vie sédentaire et les soins de
leur négoce les éloignoient de ces plaisirs, de
ces réunions, de ces intrigues qui sont si favorables au jeu des passions, préparent des infidélités entre les époux, et conduisent au divorce.

« D'ailleurs ce rigorisme qu'observoit il y a
» cinquante ans quelques peuples des commu-
» nions protestantes, avoit pour cause cette
» jalousie de secte, qui, en présence d'une reli-
» gion plus sévère, retenoit les peuples sur la
» pente rapide de la corruption, où les place
» l'imperfection de leurs dogmes. La religion
» catholique gouvernoit dans ce sens la religion
» presbytérienne, comme les monarchies de
» l'Europe en gouvernoient les républiques (1).»

Au reste, depuis un demi-siècle, le divorce,
secondé par les progrès du luxe et de l'irréligion,
a fait chez ces peuples d'épouvantables ravages;
leurs mœurs étoient déjà, en 1789, aussi corrompues qu'elles peuvent l'être en France après une
révolution où le vice et le scandale furent un
titre d'honneur, et où la liberté n'étoit que la
licence de tout dire et de tout faire hors le bien.

(1) M. de Bonald, *du Divorce au XIXe siècle*, pag. 200.

Cependant la nation anglaise n'admet le divorce que dans le cas d'adultère ; mais le génie mercantile y a donné un tarif à l'honneur qui vaut mieux que tous les biens du monde, et les femmes sont devenues une marchandise dont l'adultère est le moyen d'échange. Lorsque le marché est conclu, le mari forme sa demande en divorce pour cause d'adultère, et articule, à l'appui, des faits graves dont le séducteur de sa femme a eu soin de lui procurer la preuve palpable, de telle sorte que les procès en adultère ne sont habituellement qu'une jonglerie indécente, entre deux individus, qui s'entendent ensemble pour insulter aux lois, aux bonnes mœurs et à l'honnêteté publique (1).

L'évêque de Rochester a dit en plein parlement,

---

(1) On lit dans le Journal des Débats, à la date du 17 décembre 1814, le passage suivant :

Un de ces procès trop communs en Angleterre, et qui nous paroissent, avec raison, aussi offensans pour l'honneur, que contraires aux bonnes mœurs, remplit presqu'entièrement les journaux du 12. Le comte de *Rosbury* avoit rendu plainte contre le baronnet *Mildemey*, qu'il accusoit d'un commerce criminel avec sa femme, et avoit estimé son honneur à la somme de trente mille liv. sterl. Le baronnet s'étant laissé condamner par défaut, le jury fut rassemblé le 10 décembre pour prononcer sur les dommages ; après une longue discussion, les jurés n'ont pas estimé l'honneur du noble lord au prix qu'il y avoit mis lui-même, et ont jugé qu'il seroit suffisamment dédommagé par une somme de quinze mille liv. sterl., environ trois cent soixante mille fr. argent de France.

que cette marotte a lieu dans les neuf dixièmes des divorces, et il n'a pas été contredit.

La proposition d'abolir entièrement le divorce a été faite avec chaleur et accueillie par un murmure favorable; si elle n'a point encore été l'objet d'un bill, c'est que cette nation sage et réfléchie, médite long-temps avant de rien innover, jusqu'aux réformes les plus urgentes et les plus salutaires. Mais il n'en est pas moins certain que bientôt la loi civile de ce peuple ne laissera plus de porte ouverte au divorce, même celle de l'adultère, quoique sa loi religieuse l'autorise pour cinq causes différentes.

Jusques à quand la France, où le dogme de l'indissolubilité du mariage est de foi pour les trente-neuf quarantièmes de la population, hésitera-t-elle à bannir de son territoire le divorce, qui n'est parvenu à s'y glisser, au milieu de la tempête révolutionnaire, que lorsque ses partisans eurent renversé l'autel et le trône?

TROISIÈME SECTION.

Raison de la dépravation des mœurs en France, avant l'établissement du Divorce.

LES mœurs, il faut en convenir, étoient mauvaises en France avant que le divorce eût donné à leur corruption une teinte plus sombre, un éclat

plus fâcheux, des suites plus terribles ; elles étoient
telles, parce que les lois étoient presque toutes sans
force pour réprimer les écarts d'une jeunesse
licencieuse. L'opinion qui, toujours indulgente
chez un peuple frivole, pour le vice qui em-
prunte des formes aimables, contrastoit avec la
loi, qui est inflexible, et qui punit sans exception tous les coupables. Ainsi, la loi qualifioit de
crime l'adultère, et l'opinion n'y voyoit, du côté
de la femme, qu'une foiblesse, une juste vengeance ; et du côté du séducteur, qu'un triomphe
dont il devoit s'applaudir, s'il ne l'avoit point
acheté par quelques bassesses. La loi veilloit à
l'honneur des maris, et vengeoit d'une manière
éclatante ceux qui avoient le malheur de pouvoir faire la preuve qu'il y avoit été porté atteinte
par la violation de la foi conjugale ; et l'opinion
condamnoit au silence le mari outragé, qui ne
pouvoit se plaindre devant les tribunaux, sans
s'exposer à tous les sarcasmes de la malignité
publique. Cette opinion favorable au relâchement
des mœurs étoit accréditée par les écrivains qui
tenoient alors le sceptre littéraire, par des grands
personnages épris des nouvelles doctrines, par
des femmes plus aimables que vertueuses, dans
les cercles desquelles se décidèrent en dernier
ressort les points les plus importans de la morale
et de la politique ; elle étoit parvenue à s'insinuer
jusque dans l'esprit de la plupart des adminis-

trateurs et des magistrats, à la vigilance desquels
l'exécution des lois étoit confiée, et il arrivoit que
par l'effet d'une conspiration générale contre les
lois, elles tomboient en désuétude; qu'on n'o-
soit presque plus les invoquer ; qu'on ne pouvoit
plus le faire sans scandale; que ce scandale étoit
un prétexte pour en éluder l'application, et que
si elle avoit lieu par intervalles, c'étoit dans des
circonstances si rares, et pour châtier des attentats si monstrueux, qu'elle ne pouvoit avoir
qu'une très-foible influence pour la conservation
des mœurs.

Du moins, les lois civiles ne contribuoient pas
à rendre la pente au mal plus rapide; du moins
elles accordoient une protection publique à la
religion sainte, dont la morale sublime nous enseigne, que le mariage est indissoluble, que la
femme doit demeurer attachée à son mari, comme
les membres à la tête, comme l'Eglise à son divin
Epoux, et que celui qui regarde avec un mauvais désir la femme de son prochain, a déjà
commis l'adultère dans son cœur.

SECTION QUATRIÈME.

La loi du Divorce a singulièrement augmenté la dépravation des mœurs.

LA loi du divorce est apparue comme un météore de sinistre augure, à la suite des journées des 10 août et 2 septembre 1792, où l'anarchie et l'impiété, ne connoissant plus de frein, avoient détrôné le meilleur des Rois, et fait un horrible massacre des prêtres du Seigneur. Il seroit difficile de calculer toute l'étendue des ravages effroyables que fit, dans ces affreuses circonstances, une loi qui venoit attiser le feu des passions, et en absoudre les écarts les plus répréhensibles. En 1793, le nombre des divorces prononcés à Paris fut, à celui des mariages, comme un est à trois. Depuis, il a diminué dans la capitale; mais il s'est accru d'une manière effrayante dans les provinces, et même au fond des campagnes.

L'honneur, qui est en France une plante indigène, et avec lequel ce pays sera toujours invincible, lorsqu'il ne sera pas divisé, étoit, à cette époque, transporté de sa terre natale dans les camps, où il surpassoit tous les prodiges que les Grecs et les Romains ont attribués à leurs héros, et que nos vieilles chroniques racontent des anciens preux.

On ne divorça pas seulement pour satisfaire un caprice, et goûter le plaisir de la vengeance; on le fit même par intérêt et par calcul. Une belle femme devint, comme en Angleterre, un objet de spéculation; et on ne se fit pas scrupule de couvrir du manteau d'un divorce pour cause d'adultère, un divorce uniquement motivé sur l'inconstance des époux, et leur désir mutuel d'essayer si de nouveaux liens les rendroient plus heureux. La rupture du marché conclu entre le mari et la femme fit révéler à la justice, par le mari, le secret d'une transaction infâme sur le sort des liens du mariage, dans une affaire portée, en 1813, devant la Cour d'appel de Paris, et où la femme demandoit le divorce pour cause de sévices. Le lieu, l'heure, les circonstances, les témoins des sévices, avoient été convenus en famille; le mari n'en rougissoit pas. Il n'en parla que par représailles, de ce qu'on lui avoit manqué de parole; et il ne vit, dans cette révélation, qu'un moyen de plus pour gagner son procès (1).

Bientôt ces marchés secrets deviendront pu-

_____

(1) Les détails de cette affaire sont rapportés par M. de Nougarède, président de la Cour royale de Paris, dans son excellent ouvrage intitulé : *Lois des Familles*, pag. 298.

blics. Encore, si cette publicité pouvoit exposer
à la sévérité des lois ceux qui en seront coupables : mais presque toujours la preuve légale
manquera. Le divorce, objet d'une spéculation
sacrilége, sera prononcé, et le scandale sera à
son comble; chaque jour verra les mœurs plus
dissolues, et le vice plus audacieux : toutes les
familles seront bouleversées, confondues, en
état de guerre les unes contre les autres. Dès lors,
il n'y aura plus d'harmonie, plus de force expan-
sive, plus de résistance intérieure dans l'état,
qui ne se compose que de leur réunion.

SECTION CINQUIÈME.

La corruption des mœurs est l'avant-coureur de la chute
des empires.

L'HISTOIRE, qui dote la race actuelle des
leçons de l'expérience des siècles passés, nous
montre que les empires les plus puissans ont
péri, parce que la dépravation des mœurs,
portée à son comble, en avoit sapé les bases
fondamentales, et que le moindre choc a suffi
pour renverser ces colosses aux pieds d'argile.
Tibère, *Caligula*, *Claude* et *Néron*, n'auroient
pas fait souffrir aux Romains les affronts les plus
humilians, les injustices les plus révoltantes, les

tortures les plus affreuses, la mort la plus cruelle,
si ce peuple eût conservé les mœurs comme les
images de ses ancêtres, et s'il ne fût pas devenu,
à tous égards, un peuple abominable. Rome ne
fut pas d'abord conquise par les nations étrangères, parce que la corruption qu'elles avoient
apportée, en haine de leur esclavage, à cette
reine du Monde, avoit reflué du centre aux
extrémités, et qu'elles étoient tombées dans le
même avilissement et dans la même impuissance
de faire de grandes choses.

Cette conquête étoit réservée à des peuples
vierges dont la civilisation étoit imparfaite, mais
dont les mœurs avoient conservé leur simplicité primitive, qui avoient des vertus domestiques, des corps robustes, des âmes fortement
trempées, un grand respect pour les Dieux et le
véritable amour de la patrie.

Tacite, fatigué de peindre, dans un style ner-
veux et concis, le crime qui moissonna Germa-
nicus à la fleur de l'âge et au milieu des légions
victorieuses ; les sales débauches de Tibère dans
l'île de Caprée ; le caractère stupide et farouche
de Claude ; les noces de l'impudique Messaline
avec Silicus, objet de sa flamme adultère ; le
parricide, commandé de sang-froid par le Dieu
Néron, si cher à la populace romaine ; les in-
cendies, les massacres et les supplices dont il
amusoit ses horribles loisirs, la fête donnée par

5.

ses ordres, et en sa présence, sur l'étang d'Agrippa, où les dames les plus illustres furent placées en face d'une troupe d'infâmes courtisanes toutes nues, dont une illumination brillante éclairoit les postures lubriques et les gestes obscènes ; son mariage ridicule et honteux avec l'affranchi Pythagoras, auquel il accorda tous les honneurs réservés aux femmes des Césars ; enfin, tous les détails et toutes les conséquences de l'effroyable corruption dans laquelle étoit tombé le peuple romain, et qui en avoit fait le plus servile, le plus lâche, le plus féroce de tous les peuples, semble s'être complu à reposer sa pensée sur une des nations qui devoient un jour se partager les dépouilles des maîtres du Monde, et à en retracer les institutions et les coutumes.

SECTION SIXIÈME.

Tableaux des mœurs des Germains, par Tacite.

APRÈS avoir décrit la forme du gouvernement des nations germaniques, les limites dans lesquelles est renfermée la puissance royale, le respect qu'elle inspire, la composition des armées, leur discipline, leur tactique, leur manière de combattre, leurs poins de ralliement, leur costume et leur armure, l'historien observe que les femmes sont vêtues à peu près comme les hommes, mais qu'elles ont les bras, les épaules et la poitrine découvertes. Néanmoins, ajoute-t-il aussitôt, aucun peuple ne respecte plus les lois du mariage. Cette partie de leurs mœurs est admirable : c'est pour la vie et jusqu'à la mort que la jeune vierge s'attache à son époux ; elle le suit à la guerre, et partage sa gloire et ses dangers.......... Les enchantemens des spectacles, l'intempérance et les propos lascifs des festins ne tendent pas de piéges à la vertu de leurs femmes ; les adultères sont rares ; la punition est rigou- reuse ; la femme coupable, quelles que soient sa beauté, sa jeunesse et sa fortune, ne peut plus rencontrer un seul homme qui l'élève à la dignité d'épouse.

Dans ce pays, on ne plaisante jamais sur les vices ; on n'y regarde pas comme établi par l'usage, le droit de corrompre ou de céder à la corruption. Heureuses ces villes où les vierges ne contractent qu'un seul mariage, et n'ouvrent qu'une fois leur cœur au désir et aux espérances de l'épouse ! Elles reçoivent un époux comme on reçoit un corps et une âme ; leurs pensées et leurs vœux ne vont pas plus loin ; elles aiment leurs époux, non pas seulement comme un mari, mais comme étant pour elles le mariage tout entier.

Les femmes ne redoutent pas le tumulte des

armes ; elles se placent dans les combats sur des chariots et à l'arrière-garde ; elles animent les guerriers par leur présence, leurs éloges et leurs reproches. C'est à leurs épouses que ces guerriers s'adressent pour panser leurs blessures ; elles ne craignent pas de les visiter, et même d'en sucer les plaies sanglantes. Elles se précipitent quelquefois au milieu de la mêlée, pour leur distribuer des vivres, et les exhorter à faire leur devoir.

Les annales de ces nations fournissent la preuve qu'en plusieurs circonstances les femmes ont, par leurs larmes et leurs plaintes touchantes, ramené au combat et conduit à la victoire des armées qui commençoient à plier, et dont la défaite paroissoit inévitable.

Les Germains considèrent les femmes comme ayant quelque chose de surnaturel, et même une certaine prescience de l'avenir ; ils prennent leurs conseils, et agissent d'après leur réponse. Nous avons vu, sous Vespasien, ces peuples mettre long-temps *Velleda* au nombre des Dieux immortels ; et dans des temps plus reculés *Aurénie*, et plusieurs autres êtres, comme de véritables Déesses, l'objet d'une vénération profonde et d'un culte auquel la flatterie étoit étrangère (1).

_____

(1) *Nec alius feminis quàm viris habitus, nisi quòd feminæ sæpiùs lineis amictibus velantur, eosque purpurâ variant, partemque*

Étoient-ils donc si barbares les peuples qui avoient une si haute idée de la sainteté du mariage, les peuples chez lesquels la jeune vierge acceptoit un époux comme on reçoit un corps et une âme, l'envisageoit comme le mariage tout entier, et le chérissoit comme le but de toutes ses pensées, et le terme de tous ses désirs et de toutes ses espérances ; les peuples généreux et sensibles qui, touchés des vertus de leurs femmes, de leur dévouement et de leur héroïsme, les traitoient avec honneur, les admettoient à leurs

---

vestitùs superioris in manicas non extendunt nuda brachia et lacertos, sed et proxima pars pectoris patet, quanquam severa illic matrimonia, nec ullam morum partem magis laudaveris....

Ergo septâ pudicitiâ agunt, nullis spectaculorum illecebris, nullis conviviorum irritationibus corruptæ..... Paucissima in tam numerosâ gente adulteria quorum pœna præsens et maritis permissa... Publicatæ pudicitiæ nulla venia. Non formâ, non ætate, non opibus maritum invenerit ; nemo enim illic vitio ridet : nec corrumpere aut corrumpi sæculum vocatur. Melius quidem adhuc eæ civitates, in quibus tantùm virgines nubunt, et cum spe votoque uxoris semel transigitur. Sic unum accipiunt maritum quomodo unum corpus unamque vitam ; ne ulla cogitatio ultra, ne longior cupiditas, ne tanquam maritum, sed tanquam matrimonium ament..... Ad matres, ad conjuges vulnera ferunt : nec illæ numerare aut exsugere plagas pavent, cibosque et hortamina pugnantibus gestant. Memoriæ proditur quasdam acies inclinatas, jam et labantes à fœminis restitutas constantiâ precum et objectu pectorum. Inesse quinetiam sanctum aliquid et providum putant. Nec aut concilia earum aspernantur, aut responsa negligunt. Vidimus sub divo Vespasiano Velledam diù apud plerosque numinis loco habitam ; sed olim Auriniam et complures alias venerati sunt non adulatione, et tanquam facerent deas.

TACITE. *Mœurs des Germains.*

conseils, et regardoient comme inspirées celles qui surpassoient les autres en prudence et en sagesse ?

Les Français tirent d'eux leur origine ; leurs femmes, à l'exemple de celles des Germains, appellent tous les regards sur des charmes dont le voile ne devroit être soulevé que pour un seul homme. Mais ont-elles leur fidélité et leur constance ? Le flambeau de l'hymen ne s'allume-t-il qu'une seule fois pour elles ? Lorsqu'il est éteint par leur faute, sont-elles réduites à la pleurer toute leur vie ?

La nature de la société conjugale, le besoin de mettre des entraves à l'inconstance du cœur humain et l'intérêt de la conservation des familles avoient pénétré du grand principe de l'indissolubilité du mariage, ces peuples ignorans et enveloppés des épaisses ténèbres du paganisme. Et nous, éclairés par le flambeau de la foi, qui nous montre que la mort seule peut être le terme de l'union conjugale ; par ce grand fanal de l'histoire, qui nous indique la corruption des mœurs comme le symptôme de la décadence des empires, par les vives lumières en tout genre dont notre siècle s'enorgueillit, et par la triste expérience que nous avons faite nous-mêmes dans le cours de la tourmente révolutionnaire, nous avons toléré le divorce par consentement mutuel et pour cause de sévices et d'adultère ; nous avons fait une loi de cette tolérance, et il existe dans notre Code des pages où tous les maris apprennent qu'ils peuvent, avec un peu d'art, se débarrasser d'une femme éternelle, qui a perdu les grâces de la jeunesse, et où toutes les femmes, même celles d'un jour, même celles des habitans des campagnes, sont averties qu'elles sont libres de rompre une chaîne incommode, et que, pour ne pas être répudiées sur le déclin de leur vie, il est prudent à elles de prévenir l'inconstance de leurs époux, et de donner leur main et leur cœur à l'étranger qui jure de les aimer toujours.

SECTION SEPTIÈME.

Si le Divorce est maintenu en France, la corruption y sera bien-tôt plus grande que chez les peuples sectateurs du polythéisme.

————

Si, dans l'état actuel de la société chrétienne, et surtout en France, le divorce, contraire aux dogmes de la religion catholique, est maintenu comme un principe, les mœurs ne tarderont pas à être plus corrompues que chez les peuples sectateurs du polythéisme, qui permettoient, en certains cas, la rupture des liens du mariage.

N°. Ier. En effet, ces peuples, à l'époque de leur véritable grandeur, n'admettoient que la répudiation qui, n'étant accordée qu'au mari,

ne tend pas, comme le divorce, à établir une
égalité de droit dans la société conjugale, où le
pouvoir est essentiellement un et indivisible. Mais
la répudiation n'y existoit que dans les lois ; et
les mœurs, meilleures que les lois, s'opposoient
à ce qu'elle fût mise en pratique. C'est ainsi qu'il
fallut un ordre des censeurs, deux cent trente
ans après la fondation de Rome, pour obliger
Carvilius Ruga à répudier sa femme, qui étoit
stérile, sous prétexte de donner des enfans à
l'Etat, et que le peuple murmura hautement de
cette atteinte funeste portée à la morale publique.

D'ailleurs, chez les anciens peuples, les femmes
étoient récluses ou séparées de la compagnie des
hommes ; exclusivement consacrées aux soins
du ménage, elles n'étoient pas même admises à
faire aux étrangers, que leurs maris recevoient,
les honneurs de la maison conjugale. Elles ne
sortoient de leur retraite que pour assister au
spectacle et aux cérémonies des temples, encore
étoient-elles obligées de se faire accompagner
par des eunuques ou des femmes esclaves ; et si
leur extérieur n'étoit pas décent, les magistrats
les condamnoient à une forte amende (1).

Telles étoient les règles sévères auxquelles les
femmes étoient astreintes, même chez les Athéniens, ce peuple dissolu auquel on reproche, à

_____

(1) *Voyage du jeune Anacharsis en Grèce*, par M. l'abbé Barthélemy, tom. 2, pag. 243.

juste titre, ses trop célèbres courtisanes et ses
amours infâmes. Les lois d'Athènes offroient la
ressource du divorce aux femmes qui avoient à
se plaindre de leur mari (1); mais ces femmes
vertueuses, et vraiment dignes du titre honorable
de mères de famille, aimoient mieux gémir en
secret des écarts et des mauvais traitemens de
leur mari, que d'en faire au public la révélation
indiscrette, et que de briser des chaînes qui leur
étoient chères, et dont la perpétuité avoit un
charme de plus pour elles (2). Les maris heureux de ces femmes si attentives à remplir tous
leurs devoirs d'épouse et de mère, étoient rarement assez injustes pour les répudier.

Sans doute c'étoit un grand scandale que cette
prédilection de la jeunesse athénienne, et même
des plus illustres personnages, pour des courtisanes qui dévoroient leur fortune, et les rédui-
soient souvent à la plus affreuse détresse. L'honnêteté publique étoit encore bien plus outragée
par l'espèce de fureur avec laquelle les Athéniens
s'abandonnoient, sans mystère, à cet autre amour
que désavoue la nature. Mais, au milieu de ces
désordres, dont le tableau attriste l'âme ou effa-
rouche la pudeur, les mœurs des femmes étoient

_____

(1) Euripide nous assure qu'à Athènes, et dans le reste de la
Grèce, le divorce couvroit d'opprobre les femmes qui changeoient
de mari.   (*Trag. de Médée*, vers 136.)

(2) *Voyage du jeune Anacharsis*, tom. 2, pag. 244.

pures ; les maris étoient certains d'être les pères de leurs enfans : l'ordre le plus parfait régnoit dans les familles (1).

La condition des femmes est bien différente chez les peuples de l'Europe moderne, et particulièrement en France, où elles jouissent d'une liberté qui dégénère en licence, lorsqu'elles n'y mettent pas elles-mêmes des bornes. Elles sont l'ornement de toutes les sociétés, l'âme de tous les plaisirs, la partie essentielle de toutes les fêtes; elles sont en contact perpétuel avec les hommes les plus aimables, les plus habiles dans l'art de la séduction. L'usage les autorise à faire, à recevoir des visites, sans témoins et sans annonces. Au milieu des périls qui les assiégent, leur vertu est le seul garant de leur fidélité. Ce torrent de la coutume, qui autorise les femmes françaises à négliger les soins paisibles du ménage, et à se créer hors de la société domestique une existence nouvelle et des rapports nouveaux,

---

(1) Les législateurs anciens s'étoient plus occupés que les législateurs modernes à surveiller les mœurs des citoyens; persuadés qu'il ne suffit pas de punir les crimes, et que les grands forfaits, toujours rares, sont peut-être moins nuisibles à la société, que cette habitude invétérée de tous les vices, qui, trop souvent, la trouble et la déshonore, ils les proscrivirent et les soumirent à des peines : aussi trouvons-nous des lois morales dans tous les codes de l'antiquité.

(M. le comte Pastoret, pair de France, *Parallele de Zoroastre, Confucius et Mahomet*, pag. 65 et 66.)

occasionne de funestes naufrages à celles qui ont
l'imprudence d'en suivre le cours dangereux.
Autrefois, du moins, s'il leur échappoit quelque
faute, elle étoit couverte des ombres du mystère ;
le repentir succédoit ; souvent une foiblesse inconnue les arrachant à un monde pervers, elles
expioient, dans la retraite et dans la pratique de
tous leurs devoirs, l'infidélité que leurs maris
ignoroient ; en sorte que d'une source impure dé-
couloient l'union et le bonheur des époux. Maintenant la femme qui a' violé la foi conjugale
craindra toujours que son mari n'en ait connoissance ; elle apercevra toujours dans le lointain le
divorce comme la punition lente, mais infaillible, de son déshonneur. Désespérant de conserver les droits et les priviléges d'une mère
de famille, elle ne cherchera point à vaincre ce
qu'elle appellera sa mauvaise étoile ; une première chute en amènera une seconde ; un divorce
préparera les voies à un autre ; et de chute en
chute, de divorce en divorce, une femme, qui
étoit née pour être le modèle des épouses et des
mères, se trouvera en peu de temps au fond de
l'abîme.

No. II. Avant la prédication de l'Evangile, une
partie considérable de l'espèce humaine gémis-
soit dans un dur esclavage. Les deux tiers de la
population étoient esclaves dans plusieurs répu-

bliques de la Grèce. A Rome, où le peuple étoit
si fier d'une liberté orageuse, le nombre des
esclaves étoit immense, leur insurrection causa
les plus vives alarmes au peuple-roi ; avec plus
d'ensemble et de persévérance, elle l'auroit
anéanti. Cette révolte terrible une fois apaisée ,
les esclaves reprirent leurs chaînes, et la verge
de fer qui les gouvernoit n'en devint que plus
pesante. La classe des hommes libres, dont chacun
étoit propriétaire et entouré de plusieurs esclaves,
n'étoit pas aussi pressée qu'elle l'est de nos jours
dans les villes et dans les campagnes. Chaque
famille formoit un petit État séparé, dont le chef
avoit droit de vie et de mort sur ses esclaves,
et une puissance presqu'absolue sur sa femme et
sur ses enfans. Ce chef trop souvent préféroit
une simple esclave à son épouse ; mais cette
épouse, accoutumée à vivre loin de la société
des hommes, et surtout loin de ceux qui affichent
la corruption, n'avoit ni le désir ni l'occasion
prochaine de se venger d'une préférence injuste.

L'affranchissement de l'esclavage a été successivement, chez tous les peuples, un bienfait du
christianisme ; mais la place des esclaves est
occupée encore, même chez les nations les plus
industrieuses, par une tribu malheureusement
trop considérable, dont l'indigence, ses livrées
et ses suites fâcheuses sont le triste apanage.
Plus rares, plus assurés de leur subsistance,

moins turbulens dans les campagnes, les pauvres forment une espèce de peuple à part, parmi le peuple des grandes villes. Des gens qui n'ont rien, qui ne peuvent rien perdre, que les peines pécuniaires ne peuvent atteindre, et qui, las de leur triste existence, ne craignent pas de mourir, sont bien redoutables pour la société, et ne peuvent être contenus que par la double chaîne de la religion et de la morale. Il importe essentiellement à l'ordre public qu'ils soient attachés aux dogmes de la religion qu'ils professent, qu'ils aient des mœurs, et qu'ils trouvent ainsi, dans le bonheur domestique, la compensation des sacrifices auxquels les condamne la privation absolue des biens de la fortune. Or, le pauvre qui est devenu raisonneur, et qui s'applaudit des fausses lumières que la révolution lui a fait acquérir, se moque de la religion et de ceux qui la lui prêchent; et il prétend y être autorisé par le législateur, qui, sans égard au dogme de l'indissolubilité du mariage, autorise le divorce, même entre les catholiques. Comment auroit-il des mœurs? le frein de la religion ne l'arrête plus. Les restitutions de dot, les avantages réservés aux enfans, et tous ces petits obstacles au moyen desquels le législateur a cru rendre le divorce difficile, ne l'embarrassent point, puisqu'ils ne peuvent arrêter que ceux qui possèdent quelque chose. Mais il a des yeux et des oreilles pour voir et

pour entendre de quelle manière les personnes
plus riches et plus instruites s'y prennent pour
contraindre les juges à prononcer le divorce : il fait
de même. Comme le désir du moment est tout
pour lui, il s'inquiète peu de ce que les autres
diront ; et il trouve, en satisfaisant ses passions,
un prétexte pour abandonner une femme qui
vieillit, et des enfans encore en bas âge, et pour
recommencer une nouvelle famille qu'il abandonnera encore. Quels moyens de subsistance
auront ces familles sans chef et sans appui ?
quels désordres ne seront pas l'effet des querelles,
des scènes violentes qui éclateront entre ces
familles ? quels excès n'enfantera pas ce liberti-
nage effréné ? A quels crimes ces hommes et ces
femmes corrompus, et incapables d'un travail
opiniâtre, ne seront-ils pas entraînés par le cri
impérieux et de la faim qui les pressera , et par
les faux besoins qu'ils se seront créés en s'adon-
nant à la débauche (1) ?

_____

(1) Dans l'ordre présent des choses, qui réprimera une masse
énorme de paysans libres, et éloignés de l'œil du magistrat ? qui
pourra, dans les faubourgs obscurs d'une grande capitale , prévenir les crimes d'une populace indigente et sans maître, si ce
n'est une religion qui prêche la morale et la paix, et qui parle de
devoirs et de vertus à toutes les conditions de la vie ? Détruisez
le culte évangélique , et il vous faudra dans chaque village une police, des prisons et des boureaux. Si jamais, par un retour inouï
les autels des dieux passionnés du paganisme se relevoient chez les
peuples modernes , si , dans un ordre de société où la servitude

N°. III. Le polythéisme n'étoit, aux yeux des sages de l'antiquité, que l'abus du culte symbolique et primitif que les nations, dans leur enfance, avoient rendu au Dieu unique, principe et fin de toutes choses, et des hommages dictés par la reconnoissance envers les grands hommes qui avoient bien mérité de la patrie. Les mystères d'Eleusis étoient institués pour maintenir et répandre les dogmes précieux de l'unité de Dieu, de l'immortalité de l'âme, des peines et des récompenses qui attendent le vice et la vertu dans l'autre monde. Socrate, avec moins de précaution et moins de voile, enseignoit à ses disciples la même doctrine. On la retrouve, jointe aux principes de la plus pure morale, dans les ouvrages philosophiques de Cicéron, et dans les maximes de Marc-Aurèle.

La multitude ignorante, et entraînée par la coutume et ses passions, adoroit de bonne foi ces dieux dont la superstition avoit peuplé le ciel, et dans la foule desquels chaque vice pouvoit trouver des exemples et invoquer un protec-

---

est abolie, on alloit adorer *Mercure le Voleur*, et *Vénus la Prostituée*, c'en seroit fait du genre humain.

Nous ne voulons qu'une seule preuve de ce que nous avançons ici : qu'on jette les yeux sur le règne de la terreur, il ressemble parfaitement au règne des Césars à Rome, et aux révolutions républicaines de cette fameuse cité ; on fêtoit alors parmi nous les divinités du paganisme, le sang étoit devenu un spectacle, les prostitutions antiques recommençoient.

M. de Chateaubriand, *Génie du Christianisme.*

teur. Cette bonne foi, et la piété envers les dieux, dont les ministres recommandoient aux hommes la vertu, comme la chose la plus agréable à leurs yeux, et qui descendoient eux-mêmes de l'Olympe pour la récompenser et l'honorer de leur présence, en la personne de *Philémon* et de *Baucis*, étoient un préservatif souvent efficace contre la tentation d'imiter les divinités secondaires, qui donnoient aux foibles mortels des leçons si dangereuses d'injustice et d'intempérance. Les mœurs individuelles étoient excessivement dépravées; mais leur corruption n'atteignoit que rarement les familles : elles étoient prémunies contre elle, non-seulement par l'éloignement, où les femmes reléguées dans l'intérieur de leur maison, étoient de la société des hommes, mais encore par le prix inestimable que les anciens attachoient à la conservation de leur vertu, et par les châtimens terribles que les destins réservoient, pendant la vie et après la mort, à celles qui avoient trahi leur devoir, et à ceux qui en étoient les complices et les ravisseurs. « Les Grecs avoient mis » la pureté des mœurs des femmes sous la garde » d'une terreur vague et indéfinissable, produite » par l'affreux enchaînement de tous les crimes » et de toutes les vengeances. Hélène est infidèle, » et Troie est en cendres ; Clytemnestre trahit » son époux, et bientôt elle l'assassine ; Oreste » tue sa mère, pour venger la mort de son père, » et il est livré à toutes les furies. Un moyen » infaillible pour connoître les opinions et les

» mœurs d'une nation, c'est d'en juger sur l'asso-
» ciation des idées. Les Grecs augmentoient, par
» de sinistres rapprochemens, l'horreur qu'ils
» vouloient inspirer pour les femmes parjures :
» ils agrandissoient le forfait par l'épouvante. Le
» remords étoit, dans leurs tragédies, l'excès de
» la désolation. Chez eux, le crime est toujours
» l'épisode du vice. Les femmes ne pouvoient
» manquer à leurs engagemens sans être aban-
» données du ciel et des hommes. Phèdre, tour-
» mentée par une passion criminelle, croit voir
» les juges de l'enfer reculer à son aspect, et
» l'urne tomber de leurs mains (1). »

Depuis l'établissement du christianisme, la
lumière a succédé aux ténèbres. Le simple artisan
possède mieux les trésors de la véritable sagesse,
et a plus de connoissances en morale que les plus
habiles philosophes du Portique ; ces peuples, si
fameux dans l'histoire, étoient encore dans l'enfance sous le rapport essentiel de la morale et de
la religion, qui se lient nécessairement au bonheur
des individus, et à la prospérité des empires.
S'ils ont disparu, s'ils ont fait place à d'autres
nations, qui ont été elles-mêmes éclipsées par
d'autres, à diverses époques, c'est parce qu'au
lieu de sortir de cet état d'enfance pour passer à
l'état viril, ou parfait, par suite du système général des êtres, qui les pousse incessamment à la
perfection, et qui ne permet pas qu'ils restent

_____

(1) Mad. Necker, *Réflexions contre le Divorce*, p. 57 et 58.

stationnaires, ils ont fait un pas rétrograde vers une imperfection qui ne convenoit plus à leurs lumières, à leurs mœurs, et à leurs habitudes.

N°. IV. Les nations chrétiennes qui possèdent l'héritage des Grecs et des Romains, ont toutes reçu, à une époque voisine de la conquête, la doctrine évangélique ; les passions humaines ont lutté quelque temps contre cette doctrine admirable : mais insensiblement elle a triomphé de tous les obstacles.

C'est ainsi que l'esclavage n'existe plus que dans les déserts de la Russie, où même en ce moment un grand monarque s'occupe de l'adoucir.

C'est ainsi que le pillage, le meurtre, le viol, la destruction ou la captivité des vaincus ont cessé de marcher à la suite des armées victorieuses.

C'est ainsi que les riches, autrefois durs et impitoyables à l'égard des pauvres, les ont traités comme des frères, et que les pauvres ont vu sans impatience et sans murmure, les riches jouir de biens qu'ils partageoient avec eux. C'est ainsi que des charités abondantes ont élevé, pour les victimes du malheur, des asiles nombreux, où des vierges pieuses les soignent à leur naissance, dans leurs maladies, dans leur vieillesse, leur ferment les yeux avec des paroles de consolation, et rendent les derniers devoirs à leurs dépouilles mortelles.

C'est ainsi que les sujets se sont habitués à res-

pecter les Rois, comme les représentans de Dieu
sur la terre, et que les Rois n'ont vu, dans leurs
sujets, que des enfans pour lesquels ils devoient
être une seconde Providence.

C'est ainsi que le divorce se trouvoit entièrement banni de l'Europe, à l'époque où quelques
abus servirent de prétexte à *Luther* et à *Calvin*,
pour prêcher, sous le titre de réforme, la désobéissance aux lois de l'Eglise, affoiblir les liens
qui attachoient les peuples à leurs souverains, et
rallier à leur parti toutes les passions, en ouvrant
les cloîtres, et en permettant le mariage aux
prêtres, et le divorce à tous leurs sectateurs.

C'est ainsi qu'en 1789, la France comptoit
cent cinquante ans et plus, de paix intérieure;
et que sa prospérité, toujours croissante, étoit
un objet de jalousie et d'alarmes pour les nations
voisines.

Il est vrai que, depuis long-temps, elle n'a-
voit que trop prêté l'oreille à ces doctrines désolantes, qui substituent une aveugle fatalité à la
divine Providence, qui donnent une âme aux
bêtes, et refusent à la nôtre l'immortalité, dont
elle a le sens intime; qui signalent comme tyrannique l'autorité des pères, celle des maris, celle
des ministres du Très-Haut, celle des souverains
eux-mêmes; qui ôtent à la vertu ses consolations
et ses récompenses, et au vice ses peines et ses
terreurs; qui lâchent la bride à toutes les passions,
et excitent l'homme à suivre la pente d'une nature corrompue. Leurs progrès rapides, et la

fatale indulgence d'un monarque foible par excès
de vertu, furent les leviers avec lesquels une
troupe d'agitateurs, mus par une vague inquiétude, par le fanatisme philosophique, par
la manie de l'innovation, par l'esprit de vengeance, par la soif des richesses, par une ambition coupable, par l'or et les promesses de l'étranger, parvint à détruire toute espèce d'équilibre,
et à occasionner un bouleversement effroyable.
On étoit alors tenté d'admettre, avec les Mani-
chéens, deux principes opposés se disputant le
gouvernement du Monde, et de penser que l'heure
étoit sonnée, où le génie du mal alloit régner,
sans partage, sur la France. Que de fléaux en
effet, que de crimes s'y répandirent en peu de
temps, comme une lave brûlante! Tout y étoit
dans l'ordre au mois d'avril 1789, et avant la
révolution d'un seul lustre, le sceptre antique
des Bourbons se trouva brisé; le meilleur des
Rois fut conduit à l'échafaud; les temples du Dieu
vivant furent détruits, ou destinés à des usages
profanes; des autels furent élevés à la raison et à
la nature; d'infâmes courtisanes reçurent, sous
les attributs de la liberté, les hommages d'une
populace délirante : cette même populace assista
au supplice des plus illustres personnages, avec
le même plaisir que celle de Rome aux supplices des chrétiens, et aux combats des gladia-
teurs. Le divorce fut permis, encouragé; les
prostitutions publiques furent renouvelées dans
les Saturnales, ordonnées par quelques procon-

suls; des classes entières de citoyens furent suspectes, exilées, proscrites; la mitraille et les
bateaux à soupape suppléèrent à la lenteur de la
faux républicaine, et firent périr en un clin
d'œil des milliers de victimes. Enfin, l'impiété,
la licence, la barbarie, eurent le fatal pouvoir
de tout entreprendre, et de renverser toutes les
barrières. Encore quelques années dans les mêmes
convulsions, dans la même anarchie, avec les
mêmes désordres, la même audace de la part
des oppresseurs, le même avilissement de la
part des opprimés, et il n'y auroit point eu de
salut possible pour la France. « Heureusement,
» le principe de vie que quatorze siècles d'une
» bonne constitution lui avoit donné, l'a retirée,
» au moment où elle alloit périr, de l'abîme, de
» la honte, de la corruption et du malheur (1). »
Mais il ne suffisoit pas de la sauver du naufrage,
en calmant les flots prêts à l'engloutir; il falloit
encore la reconstituer sur des bases solides, et
lui rendre ses anciennes vertus et sa force morale. Or, c'est ce que n'ont pas fait les quintum-
virs, qui ont maintenu le divorce, qui ont persé-
cuté la religion catholique, qui ont tenté de lui
substituer le culte ridicule et absurde des théo-
philantropes, qui ont imaginé une nouvelle loi
de suspects, et qui n'avoient pas trouvé d'autre
secret, pour retarder leur chute, que de rallu-
mer, par un attentat inouï, les feux de la guerre

---

(1) M. de Bonald, *du Divorce au XIXe siècle*, pag. 120.

extérieure, et d'exciter une guerre civile qui
ralliât autour d'eux tous les hommes intéressés à
maintenir le nouvel ordre de choses. C'est ce que
n'a point fait ce soldat parvenu à la grandeur
suprême, qui, tout occupé de la conquête du
Monde, ne songeoit qu'à recruter ses bataillons,
et qui recommandoit à ses pourvoyeurs l'embau-
chage des jeunes élèves confiés, dans les colléges,
à la foi publique.

Mais nous devions nous y attendre, en re-
voyant ce Monarque bien aimé que la Providence a rétabli, d'une manière si merveilleuse,
sur le trône de ses ancêtres. Nous n'avons pas
été trompés dans nos espérances : la Charte,
dont il nous a fait présent, et dont il cherche
encore à étendre les nombreux avantages, suffi-
roit seule pour le placer à côté des plus grands
princes; mais il fera plus pour la prospérité de
son royaume : il encouragera l'agriculture, il
ouvrira de nouveaux canaux à l'industrie, il
dirigera cette activité, cette soif de la gloire qui
nous dévorent, vers une foule de nobles entreprises dont le succès ne coûtera aucune larme à
l'humanité. Il organisera l'instruction publique,
de manière à ce que l'enfance et la jeunesse apprennent bien, dans toutes les écoles, ce que
l'homme doit à Dieu, au prince et à la patrie;
il sauvera les époux des dangers de l'inconstance, les enfans d'un abandon funeste, et les
familles des embarras et des désordres qu'occasionne la succession effrayante de mariages

entés les uns sur les autres, en proposant aux Chambres, du concours desquelles il est certain, l'abrogation de la loi toute entière sur le divorce.

CHAPITRE CINQUIÈME.

Le Divorce est contraire aux maximes d'une sage politique.

———————

SECTION PREMIÈRE.

Le Divorce détruit le germe du véritable amour de la patrie.

———

« La société générale est le faisceau réuni de
» tous les intérêts particuliers. Ce n'est pas im-
» médiatement que nous sommes attachés à la
» patrie, nous y sommes attachés par des chaînes
» médiates; ces chaînes sont nos parens, nos
» amis, nos familles, nos devoirs. Tout ce qui
» relâche, tout ce qui affoiblit chacun de ces
» liens, produit un effet plus ou moins sensible
» sur le point central où ils se réunissent tous (1).»
—Le divorce mérite tous ces reproches, on
vient de le prouver : il est donc essentiellement
contraire à la santé du corps politique, toujours
malade lorsque ses membres souffrent, lorsque
leurs rapports sont troublés ou interrompus, et
que les humeurs ne conservent plus leur équilibre.

———————————

(1) M. le comte Ferrand, *Esprit de l'Histoire*, tom. I, p. 131.

« C'est par la petite patrie, qui est la famille,
» que le cœur s'attache à la grande (1). » —
Les époux qui profitent de la loi du divorce,
pour briser les chaînes d'un premier, d'un second mariage, abandonnent leurs familles, ces
petites patries qui devroient leur être chères à
tant de titres : comment pourroient-ils aimer la
grande patrie, à l'amour de laquelle conduit
celui de la petite, qu'on ne sert bien que lorsqu'on
remplit tous ses devoirs envers la petite, et qui,
n'étant que la réunion de toutes les petites patries, ou des familles particulières, ne peut être
heureuse que de leur bonheur ? « Ce sont les
» bons fils, les bons maris, les bons pères qui
» font les bons citoyens (2). » L'amour de la
patrie ne peut pas enflammer le cœur froid que
n'a point ému la perspective déchirante de la
désolation de l'ancienne famille, qu'il a sacrifiée
au désir d'en former une nouvelle. Il doit considérer d'un œil sec les maux de la patrie,
l'homme qui sait que le sort le plus affreux sera
le partage de ses enfans, s'il consomme le divorce qu'il médite, et qui étouffe la voix de la
nature pour n'écouter que celle de la passion
et de la vengeance.

Le jeune homme dont les parens ont donné
le scandale de plusieurs divorces; que son père
désavoue, que sa mère n'ose pas défendre ; qui

---

(1) Rousseau, *Emile*, liv. V, tome 4, page 173.
(2) *Ibid.*

ne voit dans ses frères, nés des mariages postérieurs, que des ennemis tous couverts de ses dépouilles; pour lequel la vertu n'a existé que dans
les livres de morale, et dont les yeux et les
oreilles ont reçu, à chaque heure du jour, les
impressions funestes du vice, sera-t-il, sans une
espèce de miracle, susceptible de ces résolutions
fortes, de ce dévouement sublime, de ce noble
oubli de soi-même, qu'en certaines circonstances
difficiles, réclament la patrie et le Roi, toujours
confondus dans la pensée et dans le cœur des
véritables Français.

SECTION DEUXIEME.

Le Divorce diminue la population, quoiqu'il lui paroisse favorable.

UNE population nombreuse est, après l'amour
de la patrie, et l'honneur qui lui ressemble, et
en imite les effets merveilleux, le moyen le plus
puissant de conservation et de résistance pour
les Etats, lorsqu'ils se renferment dans les limites que la nature ou la raison leur indique.
Or, le divorce nuit à la population, par le dégoût qu'il inspire pour le mariage, et par la
froideur et le désordre que sa perspective y fait
naître. Il corrompt les mœurs, il multiplie les
peines, les traverses, les embarras du mariage;
les plaisirs de l'innocence paroissent froids et

insipides à des êtres accoutumés aux recherches de la débauche. Quoique les liens du mariage soient peu respectés de nos jours, et que beaucoup d'époux cherchent dans le scandale un attrait de plus à des commerces illégitimes, néanmoins ils imposent encore au voluptueux des égards, des privations, des sacrifices, et le dégoûte d'un état où il ne seroit pas toujours libre de s'abandonner à l'inconstance de ses désirs, et où il ne pourroit plus échapper à l'ennui qui l'assiége.

L'homme dont les mœurs sont pures, mais qui est atteint de la contagion de l'égoïsme, et qui n'attache de prix qu'aux affections douces et à une vie tranquille, redoute le mariage depuis que ses liens ne sont plus indissolubles, et qu'un divorce toujours possible est prêt à dissoudre la famille, et à exciter entre ses membres une guerre intestine.

En vain César et Auguste, alarmés de l'éloignement des citoyens, et même des chevaliers et des sénateurs, pour le mariage, firent-ils des lois très-sévères contre le célibat, et s'appliquèrent-ils à encourager les mariages par les récompenses les plus attrayantes; les mauvaises mœurs excitées, entretenues par la loi et la pratique habituelle du divorce, prévalurent, et la dépopulation de Rome et de l'Italie alla toujours croissante, jusqu'à l'époque où les Barbares en firent la conquête.

En France, les provinces les plus peuplées

sont encore celles où les mœurs sont moins atteintes de la contagion du vice, et où la pratique du divorce est presqu'inconnue. C'est dans
les villes que le divorce trouve le plus d'amateurs, et qu'on le demande avec moins de scrupule, et que l'on est plus ingénieux à en colorer
le consentement mutuel, sous l'apparence des
causes déterminées les plus graves et les plus
propres à lui servir d'excuse; c'est là aussi que
les mariages sont plus rares, c'est là qu'ils sont
moins féconds, c'est là où vient se perdre,
comme dans un gouffre, une partie de la population des campagnes, qui redoutent encore les
bienfaits du divorce, et s'accommodent beaucoup mieux du mariage indissoluble.

SECTION TROISIEME.

Le Divorce énerve et affoiblit comparativement les peuples qui le
mettent en pratique.

———

« LES nations polygames ont toujours été par-
» tout les plus foibles (1). » Il suffit, pour s'en
convaincre, d'ouvrir les annales des peuples anciens et modernes. Les *Turcs*, les *Perses*, les
Barbaresques, chez lesquels la polygamie est en
vigueur, gémissent sous un affreux despotisme,
et ne subsistent que parce que la politique des
nations, plus mâles et mieux constituées, s'oppose à ce que l'une d'elles s'empare des pays
qu'ils occupent. Les peuples qui admettent la polygamie successive, ou le divorce, sont inquiets,
turbulens, licencieux. La rivalité, ou la vue
d'un danger éminent peuvent bien quelquefois
leur donner une forte impulsion qui produise de
grandes choses, et alors, ils éblouiront un moment les yeux, par les démonstrations trompeuses d'une puissance colossale; mais si la lutte
se prolonge, si la fortune les abandonne, s'ils sont
réduits à leurs propres moyens, si leur sort dépend d'un combat à armes égales, ils seront
vaincus par la nation qui rejette le divorce, qui
a plus de mœurs, plus d'esprit de famille, plus

———

(1) M. Carion de Nisas, *Disc. au Tribunat, contre le Divorce.*

d'amour de la patrie, et une plus grande force
pour l'attaque et pour la résistance.

« Là, les femmes sont sans pudeur, ou du
» moins, sans délicatesse (1). » Là, les hommes
toujours calculans, même au milieu de la débauche, ne voient dans l'honneur qu'une monnaie
qui n'a pas de cours à la bourse. Plus un peuple
s'éloigne de la polygamie simultanée ou successive, plus il offre un spectacle d'ordre, de durée,
de gloire et de bonheur (2).

« La France, qui rejetoit le divorce, étoit la
» plus forte des nations chrétiennes, parce qu'elle
» étoit la plus raisonnable et la plus naturelle dans
» ses lois (3). » Cette force préexistante n'a fait
que se développer dans le cours de la révolution
qu'elle a été obligée de parcourir, et pendant laquelle elle a été constamment victorieuse de tous
les peuples de l'Europe. Si la ligue européenne a
enfin triomphé de ses efforts, c'est parce que
l'usurpateur, qui disposoit de ses trésors et de son
sang, en avoit fait une consommation épouvan-
table, et que ses meilleurs citoyens voyoient des
libérateurs dans les souverains armés pour en-
chaîner le fléau de l'humanité, et sauver le Monde,
qu'il menaçoit d'une combustion générale.

Heureux échecs, qui, laissant intact l'honneur

---

(1) M. de Bonald, *du Divorce au XIXᵉ siècle*, pag. 187.

(2) M. Carion de Nisas, *Discours au Tribunat, contre le
Divorce*.

(3) M. de Bonald, *du Divorce au XIXᵉ* siècle, pag. 303.

français, ont permis à nos femmes de goûter le bonheur d'être mères, et nous ont rendu, avec la paix et l'espérance, notre souverain légitime!

Mais la restauration ne peut pas suppléer à l'absence des principes salutaires qui ont assuré si long-temps à notre pays cette supériorité que les nations étrangères reconnoissent encore. Si le divorce est maintenu, nous ne pourrons plus conserver cette prééminence dont la source vivifiante sera tarie, et nous la verrons, avec regret, signaler les beaux jours d'un autre peuple instruit à notre école.

SECTION QUATRIÈME.

Si la pratique du Divorce étoit conservée en France, elle seroit une cause prochaine de la ruine de ce pays.

LE but de la véritable politique est de rendre les peuples aussi forts et aussi heureux qu'il est possible. Loin d'être l'un et l'autre, ils deviennent misérables et foibles, lorsqu'ils sont entièrement corrompus. La théorie du divorce prépare la corruption des mœurs, sa pratique habituelle la consomme. Chez un peuple dominé par le goût du plaisir, chez un peuple qui rappelle tous les arts parvenus à une extrême perfection, chez un peuple qui, sévère en toute autre circonstance sur l'article de l'honneur, se montre indulgent pour les époux infidèles, et tourne en ridicule

7

les maris contraints à se plaindre de la violation
de la foi conjugale, la loi qui enlève au mariage
son indissolubilité, n'est pas seulement une loi
dangereuse, c'est le tombeau des mœurs, c'est
la dissolution par les lois de l'union conjugale,
c'est la mine creusée par le législateur lui-même,
sous les fondemens de l'édifice social, qui, en
ébranle toutes les colonnes, et qui doit, un peu
plus tôt, ou un peu plus tard, l'engloutir sous
ses propres ruines.

Le divorce, que repoussoient les usages des
Français, leur délicatesse, ce tact des convenances qui les distingue, et leurs opinions religieuses, a fait une alliance monstrueuse avec
leurs passions, pour renverser les digues posées
par la sagesse de nos pères. Ce torrent se précipite partout; il fait partout des progrès dont la
vue est effrayante. Le mal déjà produit est incalculable; néanmoins, il n'est pas sans remède : il
ne s'agit que de lui appliquer celui qui seul peut
le guérir. Le divorce est un chancre qui ronge
le corps social; hâtons-nous de l'extirper avant
qu'il ait porté un germe de mort jusque dans les
organes essentiels de la vie.

La nation française est un arbre antique et
majestueux que son poids et les vents dont il
étoit battu faisoient pencher d'un côté vers la
terre : au lieu de le soutenir de ce côté, on a
découvert ses racines, on a coupé celles qui
étoient les plus fortes et les plus profondes, et on
a fait jouer une foule de machines pour le ren-

verser du côté où il penchoit déjà : heureusement, il est encore debout. Il faut maintenant
que la main sage et habile qui le gouverne le re-
dresse avec autant de vigueur que de prudence;
le remette, autant qu'il est possible, en équilibre, et le fixe par des liens solides du côté
opposé à celui où sa pente l'entraîne. Ainsi défendu contre sa foiblesse, ainsi assuré contre les
efforts de la tempête, il redeviendra ce qu'il étoit,
le plus beau des arbres de la contrée; il se revê-
tira d'une verdure brillante, il relèvera fière-
ment sa tête vers le ciel, il puisera une nouvelle
vie dans une nouvelle atmosphère, il couvrira de
son ombre hospitalière les arbrisseaux d'alentour,
et les siècles futurs le respecteront, comme l'ont
fait les siècles passés.

CHAPITRE SIXIÈME.

La simple Séparation, si on en corrige les abus, aura tous les avantages réels, sans aucun des inconvéniens du Divorce.

SECTION PREMIÈRE.

Nécessité de remplacer, en matière de séparation, l'ancienne jurisprudence qui étoit vacillante, par une loi précise et sévère.

La séparation de corps étoit malheureusement devenue fort abusive, et même quelquefois scandaleuse, à l'époque où le divorce, poussé avec violence par les passions et par une fausse philosophie, parvint à la supplanter, et fut le remède unique offert par la loi à l'époux trahi ou maltraité par l'autre. L'ancienne jurisprudence, disent les auteurs du *Répertoire*, n'avoit pas de règle fixe sur les séparations; elle les abandonnoit à la conscience et aux lumières des juges. Elle étoit encore très-sévère au commencement du dernier siècle. Mais les désordres de la régence, les progrès de l'esprit philosophique, la manie de voir partout des esclaves à rendre libres, et

des opprimés à défendre, accompagnèrent insensiblement d'une grande faveur toutes les tentatives des femmes des hautes classes de la société
pour échapper à un dur esclavage, et ne plus
dépendre que d'elles-mêmes; les moindres prétextes leur suffisoient dans les derniers temps,
pour obtenir l'émancipation dont elles étoient si
jalouses. Qui peut dire jusqu'à quel point ces
sacrifices faits à la corruption du siècle, ces
attentats à l'autorité maritale, et ces relâchemens
peu nécessaires des liens sacrés du mariage, ont
disposé les esprits à recevoir sans horreur la
funeste loi du divorce ? Si le législateur se con-
tentoit d'abolir le divorce sans parler de la séparation, les tribunaux pourroient croire qu'ils
doivent prendre pour règle la dernière jurisprudence; et certes, une erreur de ce genre auroit
des suites bien funestes, puisqu'elle contribueroit
au retour des abus contre lesquels on s'est élevé
avec tant de force, et qui ont si bien servi les
adversaires du mariage indissoluble. Il est donc
bien essentiel que la même loi qui nous débar-
rassera du divorce restreigne les causes de séparation, qu'elle en détermine la procédure et les
effets, et que de l'ensemble de ses dispositions
résulte une réforme salutaire, qui ne fasse plus
de la séparation qu'un remède plein d'amertume, auquel les véritables malades songent seuls
à recourir.

SECTION DEUXIÈME.

Causes seules déterminantes pour la Séparation de corps.

LES causes de la séparation de corps se réduisent pour le mari à l'adultère de la femme, et à une tentative caractérisée d'assassinat de la part de son épouse ; car les simples sévices de la partie foible contre la partie forte ne sont pas vraisemblables ; et si elles étoient possibles, le mari a dans sa main l'autorité nécessaire pour comprimer la révolte de la femme, et la rappeler au respect que la nature et la loi lui imposent envers le chef de la société conjugale. Il en est de même à l'égard des injures et des outrages ; d'ailleurs, les propos d'une femme, quels qu'ils soient, ne peuvent jamais porter une atteinte mortelle à l'honneur de l'homme qui lui est uni.

A l'égard de la femme, l'adultère du mari, même dans la maison conjugale, ne peut pas constituer seul une cause suffisante de séparation. « Le mari volage qui prive sa femme du prix » des austères devoirs de son sexe, est un mari » injuste et barbare, mais il ne dissout pas la » famille, il ne brise pas les liens de la nature, » comme la femme infidèle (1). » La circons-

_____

(1) Rousseau, *Emile*, liv. V, tom. 4, pag. 171.

tance que la concubine habite sous le toit conjugal ne doit pas être prise en considération, si l'épouse légitime en conserve les droits et les honneurs, si les yeux ne sont pas blessés par des images offensantes, si l'adultère est mystérieux, et la concubine réservée et soumise. Dans le cas contraire, les mépris de l'époux pour sa femme délaissée, les préférences injustes accordées devant elle à une vile concubine, les airs insultans, les propos ironiques de cette infâme créature, sont un outrage qui rentre dans la classe des injures graves. Ces injures, tout comme les sévices, et bien plus encore que les sévices, doivent faire accorder la séparation de corps à la femme qui en est la malheureuse victime; car l'honneur d'une femme est une fleur délicate que le moindre souffle flétrit, et qui, une fois décolorée, ne peut jamais reprendre l'éclat et la fraîcheur qu'elle a perdus. Mais il faut que les sévices soient réels, atroces, habituels, inexcusables dans la classe de la société à laquelle appartient la femme qui les articule et en fait la preuve; il faut que les injures soient dans le langage des époux, prononcées avec intention d'outrager la femme, et de nuire à son honneur, et surtout qu'elles aient pour témoins des étrangers, et que la femme ne les ait point provoquées par sa désobéissance, par ses désordres, par une conduite légère et suspecte : car si l'injure a échappé au mari dans le secret du ménage, et après une provocation violente; si cette injure n'a eu pour témoins que des domestiques faciles à influencer ; si cette injure n'est que le cri involontaire d'une âme fortement indignée ; si cette injure est la réponse aux propos tenus par la femme, le reproche fondé de la violation de la foi conjugale, ce n'est plus là cette injure grave qui a déchiré le cœur d'une femme sensible, et qui doit déterminer les tribunaux à prononcer la séparation.

La communication du mal vénérien, par l'un des époux à l'autre, ne peut être un motif de séparation, lorsqu'elle n'est pas jointe à des causes aggravantes.

Pothier, qui adopte ce sentiment, le fonde sur ce que le mal vénérien n'est plus aujourd'hui un mal incurable, et que presque tous les chirurgiens savent appliquer les remèdes qui le guérissent (1).

Cette raison est bien foible ; car les ravages sont tels quelquefois, qu'ils attaquent les sources de la vie dans les personnes qui, n'en ayant aucune idée, n'en connoissent pas les symptômes, et n'ont recours à la médecine que lorsque le mal a fait des progrès funestes.

Il en est un autre bien plus considérable, bien plus digne de la sagesse du législateur, et qui explique son silence sur cet article, c'est l'embarras de distinguer la victime du coupable, le

---

(1) Pothier, *Traité du Contrat de mariage*, n° 51.

danger de troubler la paix des familles, le scandale des révélations et des recherches.

D'ailleurs, lorsque l'adultère du mari n'est pas une cause de séparation, à moins qu'il ne soit accompagné de sévices et d'outrages, comment seroit-il possible que le mal vénérien, qui en est la suite imprévue et la peine cuisante, devienne tout seul un motif pour interdire la vie commune à l'époux coupable? Il ne l'est pas, sans doute, tant que cet époux ne communique point à l'autre le poison qui le dévore; mais alors même qu'il a eu le malheur de l'infecter de cette affreuse maladie, l'offense n'est pas telle que la séparation devienne indispensable, s'il n'a point agi en connoissance de cause, et avec l'horrible projet d'outrager l'innocence et de la rendre victime des excès dont elle gémit sans les partager. Il n'y a plus, dans ce cas, ni injures ni sévices; il ne reste qu'un événement malheureux pour l'innocent et pour le coupable, qui doivent l'ensevelir pour l'honneur de tous deux dans les ombres du mystère.

« La justice, disoit en 1771, dans une cause de
» cette nature, un avocat-général du parlement
» de Paris, sent tout le danger de reculer la
» barrière des lois, à mesure que la corruption
» des mœurs s'étend et fait effort contre elle;
» peut-être qu'une fois déplacée de la base an-
» tique où elle se soutient depuis des siècles, il
» seroit impossible de l'affermir plus loin. Ne
» soyons donc pas étonnés que de pareilles

» questions ne sont jamais décidées d'une ma-
» nière générale, et qu'on laisse toujours ce pro-
» blème dangereux dans une sage et salutaire
» incertitude. »

La jurisprudence ancienne étoit conforme à
cette doctrine : ces divers monumens le prouvent
d'une manière évidente. Depuis le Code civil,
on a encore tenté de placer le mal vénérien au
rang des causes qui pouvoient dissoudre ou
relâcher les liens du mariage. Mais cette tentative a été infructueuse, et les Cours ont constamment décidé que la maladie vénérienne, alors
même que l'un des époux la communique à
l'autre, ne forme pas en elle-même, et abstraction
faite de toute autre circonstance, un sévice et
une injure assez graves pour en faire dépendre
le sort de l'union conjugale.

Cette jurisprudence a été consacrée par un
arrêt de la Cour suprême, dans l'affaire de la
dame Labrouche, née Dartigue, contre son
mari.

Le sieur Labrouche avoit communiqué deux
fois à son épouse la maladie vénérienne ; il en
étoit convenu en dernier lieu, dans une lettre
qui respiroit la tendresse, et où il s'excusoit sur
l'ignorance de son état, et engageoit sa femme à
se faire guérir, en promettant de tout faire pour
la rendre heureuse. La dame Labrouche qui
s'étoit retirée à la campagne, et à laquelle son
mari avoit fait une injonction de rentrer au domicile conjugal, eut recours à une demande en

séparation de corps, dont la base étoit la maladie cruelle que le sieur Labrouche lui avoit communiquée, et qui l'avoit réduite à un état de langueur à peu près incurable.

La Cour de Pau l'a déclarée non-recevable dans sa demande. Sur le pourvoi de la dame Labrouche, arrêt de la Cour de Cassation, section civile, au rapport de M. Vieillard, en date du 16 février 1808, qui, considérant que la dame Labrouche n'articule aucune circonstance qui donne au fait dont elle se plaint, le caractère de sévices et d'injures graves, et qu'ainsi la Cour d'appel de Pau a pu la déclarer non-recevable dans sa demande en séparation de corps, pour *cause de communication du mal vénérien*, sans contrevenir à la loi ; rejette (1).... Cet arrêt fixe la jurisprudence sur la matière ; ainsi la communication du mal vénérien n'est pas une cause de séparation, si elle ne se rattache à des faits qui lui donnent la physionomie d'un véritable sévice et d'une injure grave, et dès lors elle se trouve hors du domaine du législateur, qui doit éviter de toucher cette corde, et laisser aux Cours et Tribunaux un pouvoir discrétionnaire, pour déterminer dans quelles circonstances l'outrage est d'une telle nature, que l'époux, victime de la débauche et de la perfidie de l'autre, ait droit de réclamer le relâchement des liens du mariage.

_____

(1) Cet arrêt est rapporté au *Journal du Palais*, premier semestre 1808, page 521.

Reste une cause de séparation commune au
mari et à la femme, c'est la mort civile de l'un
ou de l'autre. Sous la tyrannie, la mort civile
étoit la peine du dévouement le plus sublime,
de la fidélité la plus inébranlable à la cause d'un
Roi dans lequel nous retrouvons les vertus de
saint Louis, la sagesse de *Charles V*, la loyauté
de *François I*er, la bonté, la clémence et les
mots heureux de *Henri IV*. La femme qui avoit
ramené sur le territoire français ses enfans en
bas âge, dans le dessein de leur faire sucer le
lait de la patrie, et de sauver quelques débris
de l'héritage de leurs ancêtres, avoit alors la
douleur de ne pouvoir y parvenir qu'en faisant
briser les liens de son mariage avec l'époux
errant, proscrit et malheureux, dont elle eût
voulu partager encore l'exil et l'infortune. Sous
le règne des Bourbons, qui est celui de la justice, la mort civile ne sera prononcée qu'à l'é-
gard des malfaiteurs et de ces hommes incorri-
gibles qui veulent encore des révolutions pour
désoler encore la terre, et qui, vieillis dans le
crime, ne peuvent pas penser à autre chose, ni
renoncer au plaisir féroce de troubler la paix publique. On peut donc aujourd'hui, et sans inconvénient, admettre la mort civile au nombre des
motifs légitimes de la séparation de corps. La
cohabitation avec un individu marqué à jamais
du sceau de la réprobation publique, est un
effort héroïque de tendresse conjugale, qu'il
seroit trop rigoureux d'ériger en devoir pour

toutes les épouses; d'ailleurs, la loi sépare de
fait la femme du mari qu'elle condamne à des
peines , ou à un exil perpétuel : elle n'oblige pas
la femme à l'accompagner dans son exil, ni dans
les lieux où s'opère l'expiation de son crime. Le
mari mort pour la société , et incapable de tous
les actes de la vie civile , ne peut plus être ni
le maître ni le tuteur de la femme à laquelle il
faut bien que la justice accorde l'autorisation
nécessaire pour régir sa personne et sa fortune.

Celle dont le mari a été condamné à une
peine infamante, mais temporaire , n'a pas droit
à une séparation légale : il faut s'écarter ici des
dispositions du Code civil, pour revenir à l'ancienne jurisprudence , plus analogue à la constance que se doivent les époux , et à cette communauté de biens et de maux qui est l'essence
du mariage.

La peine infamante, mais temporaire, qui re-
tranche passagèrement un homme de la société,
ne l'empêche pas « d'y rentrer et d'exercer tous
» ses droits civils, lorsqu'il en a parcouru toute
» la période. Il seroit donc absurde qu'elle rom-
» pît les liens beaucoup plus sacrés de l'union
» conjugale. L'homme une fois coupable et puni
» d'une peine flétrissante , conserve encore , il
» est vrai, aux yeux de l'honneur et de l'opi-
» nion publique, des traces d'ignominie et de
» honte; mais ce n'est là qu'un préjugé salu-
» taire qui achève de lui faire expier son crime,
» qui sert souvent à le prévenir dans les autres,

» qui est étranger aux lois, et que les lois se gar-
» deroient bien de détruire si elles en avoient le
» pouvoir. A l'égard de la femme, si les regards
» accablans de l'opinion publique la confondent
» quelquefois avec son mari, et lui font ressentir
» la honte qu'elle n'a point méritée, c'est un
» malheur qu'elle est obligée de supporter, dont
» sa propre innocence doit la consoler, et qui
» n'est point assez grave pour relâcher les liens
» du mariage, et enlever une mère honnête à
» des enfans qui ont besoin de son secours et
» de ses conseils (1). »

Il est vrai qu'un arrêt du 9 juin 1774, a séparé de corps la femme d'un individu qui, sur
une accusation de faux, avoit été condamné
pour cinq ans aux galères ; mais les auteurs du
Répertoire qui rapportent cet arrêt, observent
que la femme imputoit à son mari une diffama-
tion grave et publique, dont la preuve étoit acquise, et qui paroît avoir été la cause détermi-
nante de la séparation. « Forcer une épouse à
» vivre avec un infâme, ce seroit, dit M. Treil-
» hard, renouveler le supplice d'un cadavre
» attaché à un corps vivant. » Cette comparaison d'un époux enchaîné à un autre flétri
par la justice, avec un corps vivant attaché à
un cadavre, est belle et vraie à l'égard des
époux, dont l'un est condamné à la mort

---

(1) *Répertoire universel de jurisprudence*, au mot *Séparation de corps.*

civile, et n'est aux regards de la société, qu'un cadavre, qui n'est plus pour elle qu'un objet d'horreur; mais elle manque de justesse dans le cas où la condamnation infamante prononcée contre l'un des époux, n'est que temporaire; car lorsqu'il a subi sa peine, il cesse d'être infâme aux yeux de la loi : rien ne s'oppose plus à ce qu'il fasse les actes de la vie civile, et qu'il use de ses droits comme chef de famille. En le replaçant au sein de la société, la loi, toujours indulgente, présume de son repentir; elle espère qu'une peine terrible aura fait sur son esprit et sur son cœur une impression profonde, qu'il rentrera dans le sentier de la vertu, et qu'il s'efforcera de mériter, par sa bonne conduite, l'oubli de ses déportemens et de ses crimes. L'épouse qui lui a donné sa foi, qui a fait serment de ne le quitter qu'à la mort, à laquelle il n'a pas fourni le plus léger sujet de plainte, qui a vécu, de fait, séparée de lui, lorsqu'il subissoit sa peine, sera-t-elle donc plus sévère, plus inexorable que la loi, lorsqu'après avoir expié par de longues souffrances, et par une humiliation plus poignante encore, ses attentats envers la société, il vient y reprendre sa place, et rentre sous le toit domestique pour y reposer son esprit et son cœur, et y vivre en bon père de famille ? En vain la femme de cet homme parleroit-elle du soin de son honneur, le véritable honneur se trouve toujours là où est le devoir; au reste, la vie commune avec un mari châtié autrefois comme criminel, n'entache pas la femme innocente (1); loin de là, les consolations qu'elle prodigue à son époux, l'honorent dans l'opinion publique ; partout on vante, on admire son dévouement et ses sacrifices. C'est donc à tort que la condamnation à une peine infamante, mais passagère, a été classée au nombre des causes qui légitiment la demande en séparation.

SECTION TROISIÈME.

Préliminaires, jugemens et suite des demandes en Séparation de corps.

M. TREILHARD, orateur du gouvernement consulaire, chargé de présenter au Corps-Législatif la loi organique du divorce, a prétendu que les rédacteurs de cette loi avoient environné le divorce de telles entraves, et de formalités si gênantes, que ceux-là seuls auxquels il seroit absolument nécessaire seroient tentés de l'acheter. Il se trompoit doublement; car l'indépendance et le droit de passer à un nouveau mariage, ont trop d'attraits aux yeux d'une femme vindicative ou passionnée, pour qu'elle

_____

(1) Il n'est pas à craindre qu'on déverse sur l'époux innocent l'infamie de l'époux coupable ; au contraire, sa fidélité et sa constance à remplir ses engagemens, l'élèvent et l'honorent aux yeux des hommes vertueux.

(M. DE MALEVILLE, *Traité contre le Divorce*, pag. 26.)

soit rebutée par la lenteur des formes pendant la période desquelles elle goûte les prémices de la liberté à laquelle elle aspire.

D'ailleurs les formes et les délais ne sont multipliés qu'à l'égard du divorce par consentement mutuel, aux lenteurs duquel les époux s'accommodent, parce qu'ils n'y voient qu'un simple retard apporté par la loi, à la rupture infaillible des nœuds qui les attachent, et qu'ils se regardent déjà comme étrangers l'un à l'autre; et comme dégagés, par le fait, de toute espèce de devoirs réciproques. Mais si le nombre des acheteurs du divorce doit être toujours très-considérable, parce qu'il est impossible d'y mettre un prix assez élevé pour en dégoûter les passions frémissantes auxquelles il donne une libre carrière, le législateur peut et doit vendre la séparation de corps, qui accommode moins les passions, assez cher pour qu'elle ne soit demandée que par les époux qui ont un besoin absolu de ce remède. La divine Providence a voulu que tous les remèdes fussent désagréables au goût et à l'odorat, de peur que les hommes fissent trop peu de cas de la santé, et n'évitassent pas avec assez de soin les maladies. Il est donc de l'essence de la séparation de corps, qui n'est qu'un remède extrême dont les médecins doivent être fort avares, de repousser ceux dont la maladie est idéale ou légère. En conséquence, il nous semble qu'il seroit à désirer que la même loi, qui supprimera le divorce, adoptât en substance, pour les préliminaires, le juge-

8

ment et les demandes en séparation, les bases suivantes :

ART. 1ᵉʳ. La requête devra être présentée par l'époux demandeur, en personne, au président du tribunal du domicile du mari ; la présentation en personne ne pourra être suppléée que par le procès-verbal de deux officiers de santé nommés par le président, lequel constatera que le demandeur est dans un état de maladie, ou d'infirmité tel, qu'il lui est impossible de se transporter chez le juge. Audit cas, toutes les comparutions, dont il sera parlé ci-après, auront lieu au domicile de l'époux demandeur, tout autant que son état de maladie l'exigera.

2. Lorsque la séparation sera demandée à cause de la mort civile de l'un des époux, le président répondra à la requête d'une ordonnance de renvoi à l'audience, où le tribunal prononcera la séparation, sur le vu des pièces justificatives constatant que l'un des époux est condamné à une peine qui emporte la mort civile, et que cette condamnation est irrévocable.

3. La requête contiendra les détails de tous les faits sur lesquels repose la demande en séparation ; ni le mari, ni la femme demandeur, ne pourront en articuler d'autres dans le cours de la procédure, à moins qu'ils ne soient nouveaux et postérieurs à la requête.

4. Le président autorisera provisoirement la femme demanderesse en séparation, à quitter le domicile marital, pour entrer dans une des mai-

sons de retraite qui seront établies, à cet effet, sous la surveillance immédiate du président du tribunal et du procureur du Roi.

Les femmes retirées dans ces maisons seront divisées en trois classes, dont chacune aura son tarif pour la pension, et ses règles pour les aisances de la vie.

Toutes les classes seront soumises à la même discipline intérieure, qui sera douce et facile, mais qui écartera jusqu'à l'ombre du désordre et du scandale.

5. La femme qui, sans une dispense accordée par l'autorité compétente, aura quitté, pendant une seule nuit, la maison de retraite à elle indiquée par l'ordonnance du président, pourra être, sur la réquisition du mari, et même sur celle du ministère public, déclarée non-recevable dans sa demande (1).

_____

(1) Cette règle est conforme à l'article 269 du Code civil, qui est ainsi conçu : « La femme sera tenue de justifier de sa résidence » dans la maison indiquée, toutes les fois qu'elle en sera requise ; » à défaut de cette justification le mari pourra refuser la pension » alimentaire, et si la femme est demanderesse en divorce, la » faire déclarer non recevable dans sa demande. » Le législateur a senti combien il seroit peu convenable de laisser à la femme la liberté de changer sa résidence lorsque le lien du mariage n'est ni dissous, ni relâché, et qu'il est nécessaire de prévenir ses écarts sur un point aussi chatouilleux, en armant son mari d'une fin de non-recevoir tranchante, lorsqu'elle a enfreint la prohibition formelle de la loi. Le texte de cette loi est clair : la fin de non-recevoir ne peut être invoquée que par le mari défendeur; mais s il l'invoque, le tribunal n'a qu'une question à poser, celle de savoir si la femme a justifié en temps utile de sa résidence dans la mai-

8.

6. L'ordonnance du président, au bas de la requête à fin de séparation, indiquera le jour où les époux comparoîtront devant lui, en son hôtel; le délai le plus court sera de quinzaine, et le plus long d'un mois.

7. Le président tâchera d'opérer le rapprochement des parties; s'il ne peut pas y réussir, il leur ordonnera de comparoître devant lui, au mois, en présence du conseil de famille, qui sera convoqué à cet effet.

8. Si le président et le conseil de famille ne parviennent pas à réunir les époux, le président renverra les parties à l'audience à huis-clos.

9. Au jour fixé, il sera statué préalablement sur les fins de non-recevoir du défendeur, résultantes ou d'une réconciliation postérieure aux faits articulés dans la requête, ou de la preuve que la femme a quitté, sans autorisation valable, la maison de retraite à elle indiquée.

---

son indiquée par le juge. Si elle n'a pas fait cette justification, il doit nécessairement accueillir la fin de non-recevoir sur laquelle le mari insiste : ainsi le veut la loi, d'accord avec la raison et l'honnêteté publique. Néanmoins plusieurs Cours ont jugé que la femme peut éluder, par une justification postérieure de son obéissance tardive à l'indication faite par le juge, l'application rigoureuse de la fin de non-recevoir que son mari lui oppose. Il nous semble que la décision de ces Cours est contraire au texte et à l'esprit de la loi, et qu'elle en rend la disposition à peu près inutile. Il est à craindre que la même indulgence n'ait lieu en matière de séparation de corps; il est donc à désirer que les juges soient avertis par la loi elle-même, que du moment où la fin de non-recevoir sera acquise au mari, et qu'il en fera usage, ils ne peuvent, sous aucun prétexte, refuser de l'admettre.

10. Si les faits sont déclarés pertinens, les enquêtes seront faites sommairement à l'audience à huis-clos, les parties présentes avec leurs conseils.

11. Dans le cas où le tribunal estime que la demande est suffisamment établie, il surseoit, pendant six mois au moins, et un an au plus, à la prononciation de son jugement définitif; et avant de faire droit, autorise la femme à quitter la compagnie de son mari, sans être tenue de le recevoir, si elle le juge à propos; il fixe, s'il ne l'a pas encore fait, la provision alimentaire proportionnée à sa fortune, dont il est juste qu'elle jouisse.

12. Un mois avant l'expiration du temps d'épreuve, le président du tribunal fait comparoître de nouveau devant lui les époux, en présence du conseil de famille, et tente un dernier effort pour les rapprocher. Si l'époux demandeur persiste à requérir la séparation, il en est dressé procès-verbal.

13. Le temps d'épreuve écoulé, et en vertu d'une ordonnance du président, l'époux demandeur poursuit l'audience à huis-clos, où il requiert et obtient un jugement définitif, qui lui accorde la séparation de corps sur laquelle il insiste.

14. Le même jugement enjoint à la femme de rester jusqu'à l'âge de quarante ans accomplis dans la maison de retraite qui lui a été indiquée, sous peine de perdre *ipso facto*, par sa déso-

béissance, le bénéfice de la séparation qu'elle vient d'obtenir; et néanmoins, dans le cas où la séparation seroit prononcée sur la demande de la femme, les tribunaux pourront, suivant leur prudence, la confier à ses père et mère, ou à l'un d'eux, si l'autre est mort, à la charge de justifier de leur consentement en bonne forme, et de ne jamais quitter leur domicile. Dans ce cas, les père et mère auront, sur la personne de leur fille séparée, tant qu'elle n'aura pas atteint l'âge de quarante ans, la même puissance que si elle étoit encore mineure (1).

15. Le jugement déclare le tiers des biens des époux, acquis aux enfans. Il ordonne, en outre, que les personnes et les biens des enfans seront gouvernés par un tuteur spécial que le conseil de famille nommera, et qui les fera élever suivant leur rang et leur fortune. Le jugement dé-

---

(1) Toute femme séparée de son époux, même pour violence et mauvais traitemens, devroit à l'avenir se retirer dans le sein de la société religieuse, seule société à laquelle elle appartienne encore; cet asile, ouvert au repentir, à la foiblesse, au malheur, lui offriroit, dans une union plus intime avec la Divinité, les seules consolations que doive chercher, et que puisse goûter une femme vertueuse et délaissée par un mari injuste; on feroit disparoître de la société le scandale d'un être qui est hors de sa place naturelle, d'une épouse qui n'est plus sous la dépendance de son époux, et d'une mère qui n'exerce plus l'autorité sur ses enfans, et dont la conduite trop souvent équivoque comme l'existence, porte, dans la famille des autres, le trouble qu'elle a mis dans la sienne.

M. DE BONALD, *du Divorce au XIX*e *siècle*, pag. 191.

termine de quelle manière chacun des époux
devra communiquer avec ses enfans (1).

16. Le mari contre lequel existera un jugement
de séparation passé en force de chose jugée, sera
incapable d'occuper aucune place dans les deux
Chambres, dans le gouvernement, dans l'administration et dans l'instruction publique, dans les
cours et tribunaux du royaume. Celui qui aura
obtenu lui-même la séparation, ne pourra pas être,
s'il ne l'est déjà, ni ministre, ni préfet, ni membre
du conseil royal de l'instruction publique, ni
premier président, ni procureur-général d'aucune cour souveraine (2).

17. Il est défendu aux parties, et à toutes per-

---

(1) Peut-être aussi la loi devroit considérer des époux séparés
comme des parens morts, et alors elle nommeroit à leurs enfans un tuteur, s'ils avoient des propriétés, ou s'ils n'en avoient
pas, elle confieroit leur éducation à l'administration, qui, les re-
cueillant dans les établissemens publics, les arracheroit au malheur de se voir partagés entre des parens désunis, pour être élevés dans la haine d'un père, ou le mépris d'une mère, héritiers
de leurs ressentimens mutuels, et condamnés à les perpétuer dans
des haines éternelles.

M. DE BONALD, *du Divorce au XIXe siècle*, pag. 192.

(2) Il seroit également nécessaire et extrêmement utile pour les
mœurs publiques, que tout homme séparé de sa femme fût
obligé de renoncer, et prohibé d'aspirer à toute fonction publique, parce qu'il est indispensable pour la famille que le chef
y exerce l'autorité par lui-même, lorsqu'il n'a plus de ministre
pour l'exercer à sa place, et surtout parce qu'il est important
d'apprendre aux hommes que les fonctions publiques ne les dis-
pensent pas des vertus domestiques. Cette loi, très-naturelle,
seroit plus efficace contre l'abus des séparations, que la faculté
du divorce.

M. DE BONALD, *du Divorce au XIXe siècle*, pag. 191.

sonnes, de rien publier, soit avant, soit après le jugement, sur les causes en séparation de corps, dont les détails, essentiellement scandaleux, doivent demeurer secrets.

18. La réclusion de la femme convaincue d'adultère aura lieu pour le temps, et de la manière que le prescrit l'art. 308 du Code civil.

19. L'appel des jugemens, en matière de séparation de corps, sera interjeté dans le délai fixé par l'art. 443 du Code de procédure, et jugé à huis-clos, par la Cour royale.

20. Après deux ans, à compter du jour où le jugement de séparation a acquis l'autorité de la chose jugée, le président du tribunal ordonne, sur le réquisitoire du procureur du Roi, la comparution, en son hôtel, des parties et du conseil de famille, et invite pour la dernière fois les époux à oublier leurs querelles, et à reprendre la vie commune.

21. Les époux peuvent toujours se réunir. S'ils se réunissent, les effets de la séparation cessent, sauf en ce qui touche la nue propriété du tiers des biens des père et mère, qui demeurera irrévocablement acquise à leurs enfans.

Si ces formes lentes et sévères, cette procédure ignorée du public, ces maisons de retraite soumises à une exacte discipline, cet éloignement du tumulte et des plaisirs du monde imposé à la femme, cette affectation du tiers des biens aux enfans, cet établissement d'un tuteur spécial chargé de régir la personne et la fortune

des enfans, cette incapacité des maris pour conserver certaines places ou y parvenir ; enfin, ces
comparutions successives et à de grands intervalles viennent compléter la loi sur la séparation
de corps, dont les causes auront déjà été res-
treintes et fixées d'une manière précise, il est sensible que celui des époux qui sera mécontent de
l'autre, fera de sérieuses réflexions avant de se
déterminer à hasarder une demande, dont le
succès seroit équivoque, et qui entraîneroit pour
lui de tels et de si longs sacrifices. La femme,
qui aime la dissipation, et qui redoute comme
la mort le calme et la solitude, craindra de
mettre le pied dans ces maisons de retraite, où
l'ordre le plus parfait et l'absence de toutes les
émotions vives seront une règle fondamentale.
Si elle s'y détermine, elle sera bientôt ennuyée
d'une vie paisible et uniforme ; elle frémira en
pensant que si la séparation qu'elle provoque est
prononcée, elle sera vingt ans encore ensevelie
dans une espèce de tombeau, dont elle ne sortira
qu'à l'époque où les femmes quittent volontiers
le monde, qui commence à ne plus s'occuper
d'elles. Presque toujours elle fera comme la
femme d'*Alcibiade*, et reviendra, en sortant de
l'hôtel du juge, dans la compagnie de son mari,
pour retrouver sous le toit domestique les habitudes, la liberté, les jouissances qu'elle regrette,
et qui lui paroissent mériter un peu plus d'indulgence pour les défauts de son époux, et d'at-
tention à prévenir des scènes fâcheuses.

Une bonne mère, certaine d'être éloignée d'une fille qui fait sa consolation et son bonheur, si elle se fait séparer de son mari, ne portera pas devant les tribunaux ses plaintes les plus légitimes ; elle les étouffera dans son cœur ; elle se montrera plus attentive, plus complaisante, plus généreuse, à proportion que son mari sera moins prévenant, moins affable, moins soigneux à lui cacher ses liaisons suspectes et ses infidélités ; et peut-être parviendra-t-elle à le ramener à la vertu et à ses devoirs, par cette persévérance dont elle n'eût pas été susceptible, si l'amour maternel ne la lui eût inspirée.

Un mari est sur le chemin des honneurs et de la fortune ; ses torts envers une épouse aimable et fidèle l'exposent à une demande en séparation de corps ; si elle est formée, elle réussira, parce qu'il en fournit une cause décisive dont la preuve sera facile. La séparation une fois prononcée en dernier ressort, il perdra ses places, et ne pourra plus en obtenir d'autres. Son ambition s'en alarme, cette passion dominante triomphe de la violence de ses penchans, de l'irascibilité de son caractère, des fureurs de sa jalousie. Il ménagera d'abord son épouse par politique, et dans la crainte de la séparation, qui ruineroit tout l'édifice de sa grandeur. Ainsi le législateur, imitant la Providence, tirera le bien du mal.

Bientôt ce mari, que des motifs peu honorables ont rapproché d'une épouse pleine de vertus et de charmes, rougira d'avoir si long-temps méconnu le trésor inestimable qu'il possède, et abandonné, pour de viles créatures, celle que le ciel a douée de toutes les qualités propres à faire son bonheur.

SECTION QUATRIÈME.

La Séparation de corps, telle qu'on propose de l'établir, a tous les avantages du divorce, sans aucun de ses inconvéniens.

———

En effet, comme le divorce, la séparation dérobe une épouse malheureuse aux outrages et aux sévices d'un mari qu'égarent et qu'exaspèrent les pertes qu'il a faites au jeu, la jalousie qu'il éprouve, les débauches auxquelles il s'abandonne;

Comme le divorce, la séparation éloigne des yeux d'un mari, vivement affecté de son déshonneur, la femme infidèle qui, non contente de trahir la foi conjugale, s'est plue dans le scandale, et en a fait gloire;

Comme le divorce, la séparation veille sur les jours de l'époux auquel l'autre a tenté d'arracher la vie, par le fer ou par le poison, en élevant entr'eux une forte barrière;

Comme le divorce, la séparation dispense la femme vertueuse de suivre, au lieu de son exil et de son châtiment, le mari condamné à des peines infamantes et perpétuelles qui entraînent la mort civile.

Le divorce brise les chaînes éternelles du mariage, qui est indissoluble de sa nature, et dans l'ordre de la Providence. La séparation les relâche assez, pour qu'elles ne soient plus accablantes, mais sans les rompre.

Le divorce est un mur impénétrable qui, placé entre les époux, les oblige à rester toujours désunis; la séparation est un voile officieux qui les rend invisibles l'un à l'autre, tant que leurs passions fermentent, et que leurs préventions et leur animosité subsistent, et qui disparoît tout à coup comme par enchantement, et met l'épouse dans les bras de son mari, lorsqu'ils ont senti le besoin de se rapprocher et de s'aimer encore.

Le divorce est contraire aux dogmes de la religion catholique, que professent les trente-neuf quarantièmes des Français, et qui est d'ailleurs la religion de l'Etat. La séparation est un remède offert à tous les époux, quelles que soient leurs opinions religieuses, et dont l'usage, lorsqu'il est nécessaire, ne peut alarmer la conscience la plus délicate.

Le divorce est une loi de fer qui ne laisse à l'époux entraîné à de sanglans outrages, par une aveugle jalousie, aucun moyen de réparer ses torts, et de reconquérir le bonheur qu'il a perdu par son imprudence, en maltraitant une épouse qu'il aime, et dont il reconnoît trop tard que la conduite a toujours été sans reproches. La séparation tient une porte ouverte au repentir; lorsqu'il est sincère, l'épouse vertueuse et outragée accorde la grâce au coupable, et l'union de la famille devient plus intime que jamais.

Le divorce dépouille sans pitié du titre d'épouse, et couvre d'une tache ineffaçable la femme dont le cœur n'étoit pas corrompu, mais qui, trop confiante et sans expérience, n'a pas su se garantir du piége où une intrigue adroite l'a fait tomber. La séparation, en la privant des droits d'épouse et de mère, se garde bien de lui enlever l'espérance, qui est le bonheur des malheureux; elle adoucit son exil et sa honte, par la pensée consolante qu'un jour viendra où son époux, touché de ses larmes, indulgent pour une foiblesse qu'elle pleurera toute sa vie, lui permettra de rentrer sous le toit conjugal, et où, par la pratique de ses devoirs et des vertus de son sexe, elle pourra encore racheter son honneur, et acquérir des droits à l'estime publique.

Enfin, le divorce est le fléau des mœurs qui se corrompent davantage à mesure que sa pratique devient plus générale et plus habituelle. La séparation remédie aux excès et aux désordres que la corruption traîne à sa suite; elle n'est pas favorable aux passions, elle leur met des entraves salutaires, elle les calme; en un mot, elle est le plus grand bien et le plus petit mal possible pour les époux que leur animosité, leurs querelles, la nature de leurs torts, obligent à renoncer pour un temps à la vie commune.

Ce contraste est trop frap ant pour échapper aux vues paternelles du législateur. Il abolira donc la loi révolutionnaire et dangereuse du divorce, et ne laissera aux époux malheureux que la ressource de la séparation renfermée dans les limites qu'elle n'auroit jamais dû franchir, et assujétie à des règles austères et à des formalités nombreuses, qui la rendront plus rare, plus utile, et plus propre à régénérer les mœurs nationales.

CHAPITRE SEPTIÈME.

Réponses aux principales objections en faveur du divorce, et contre la Séparation de corps.

SECTION PREMIÈRE.

Réponse à l'objection tirée de ce que, dans le véritable sens de l'art. 6 de la Charte, la religion de l'État est synonime de la religion du Prince.

OBJECTION.

Le Roi n'a point eu la pensée de rendre la religion catholique exclusive et dominante. Cette double prérogative est inconciliable avec la liberté de conscience que l'article 5 de la Charte garantit à tous les Français, quel que soit le culte qu'ils professent; elle est tout simplement gratifiée du titre de *Religion de l'État*. Or, à ce titre, son privilége unique est d'être nécessairement la religion de tous les Rois qui monteront sur le trône. Les Rois seuls sont tenus d'en faire une profession publique, les autres Français ne doivent compte à personne de leur croyance. Si le divorce y est conforme, ils pourront divorcer, et l'article 6 de la Charte n'y met aucun obstacle.

REPONSE.

« Une religion exclusive est celle dont le culte
» public est autorisé privativement à tout autre ;
» telle étoit la religion catholique dans le dernier
» siècle de la monarchie.

» Une religion dominante est celle qui est plus
» intimement liée à l'Etat, et qui jouit dans
» l'ordre politique de certains priviléges qui
» sont refusés à d'autres cultes dont l'exercice
» public est pourtant autorisé : telle est la reli-
» gion catholique en Pologne, telle est la reli-
» gion grecque en Russie (1). »

La religion catholique a cessé d'être exclusive
le jour où l'exercice public des autres cultes a
été permis et protégé. L'article 5 de la Charte
s'oppose à ce qu'elle le soit à l'avenir.

Mais la protection accordée à l'exercice public
des autres cultes, n'empêche pas qu'elle puisse
être encore la religion dominante ; car le statut
qui obligeroit les Rois à en faire une profession
publique, celui qui ne souffriroit pas qu'on en
pratiquât une autre dans les chapelles de nos ambassadeurs, celui qui admettroit dans la Chambre
des Pairs plusieurs de ses pontifes, celui qui
ordonneroit qu'elle fût enseignée seule dans les
écoles primaires, et dans toutes les universités
du royaume, ne porteroient aucune atteinte à la
liberté des cultes, qu'ils laisseroient toute entière ;

____

(1) M. Portalis, orateur du gouvernement, *Discours, au
corps-législatif, sur l'organisation des cultes.*

mais ils constitueroient une préférence, des privilèges dont une religion ne peut jouir sans être dominante.

Sous le dernier gouvernement, la religion catholique, à laquelle il n'étoit pas favorable, étoit déjà rétablie de fait, et par la seule force des choses, dans quelques-uns de ces privilèges qui sont les caractères distinctifs d'une religion dominante ; car tous les archevêques étoient décorés du titre de *comtes de l'empire*, quelques prélats avoient été promus à la dignité de Sénateurs, et la religion catholique étoit la seule dont l'enseignement fût autorisé par les statuts de l'Université impériale.

Louis-le-Désiré a voulu bien certainement étendre et consolider cette prééminence, en déclarant que la religion catholique est la religion de l'Etat. L'héritier de trente Rois, qui tous ont professé cette religion sainte, et mérité le nom de *Rois très-chrétiens*, ne craignoit pas que ses successeurs fussent tentés de renoncer au culte de leurs ancêtres, qui est celui des trente-neuf quarantièmes des Français, pour en adopter un autre plus commode pour les passions, et plus indulgent pour les écarts des souverains et des peuples. C'est donc non-seulement au chef, mais au corps même de l'Etat qu'il a lié intimement la religion catholique, comme étant la plus ancienne, la plus admirable dans les dogmes, la plus pure dans sa morale, et surtout comme étant celle de presque tous ceux qui composent la

grande famille dont il est le père. A ce titre ;
elle doit obtenir toutes les marques de prééminence qui n'entravent pas le libre exercice des
autres cultes. Au nombre des prérogatives que
lui assure cette prééminence, la plus importante et la plus incontestable est celle d'être
consultée pour toutes les lois civiles qui se rattachent aux préceptes religieux, et dont aucune
ne peut être en opposition avec ses dogmes. La
loi du divorce est contraire au dogme de l'indissolubilité du mariage ; elle est tellement combinée, que les époux catholiques ne sont pas toujours libres de s'en tenir à la simple séparation
qui leur est permise dans le cas de nécessité. Les
autres cultes ne font pas un précepte du divorce ,
ils le tolèrent seulement en quelques circonstances. Ainsi, de deux choses l'une : il faut ou
abolir le divorce, ou rayer de la Charte l'art. 6,
qui s'oppose à ce qu'il subsiste (1).

SECTION DEUXIEME.

Réponse à l'objection tirée de ce que la plupart des cultes
reçus en France autorisent le Divorce.

———

OBJECTION.

« PRESQUE toutes les doctrines religieuses
» répandues dans le royaume souffrent la pra-

_____

(1) Il faut que les lois soient chrétiennes dans un royaume
chrétien.

HINCMAR, *du Divorce de Lothaire et de Thietberge.*

» tique du divorce; sous quel prétexte la leur
» interdirez-vous ? La violence, qui forceroit un
» dogme à recevoir le divorce qu'il proscriroit,
» seroit la même violence pour le dogme obligé
» de proscrire ce qu'il approuve....... Placé au
» centre de toutes les opinions, le gouvernement
» leur doit une protection commune. Ce n'est
» pas par indifférence qu'il ne demande pas à
» chaque homme le secret de sa conscience,
» c'est qu'il n'en a pas le droit. Ce n'est pas par
» indifférence qu'il protége également les opi-
» nions différentes, c'est que la masse de ces
» opinions forme une conscience publique, qu'il
» doit avant tout écouter. Hommes sensibles,
» hommes sages de toutes les opinions, gardez-
» vous de porter l'inquisition dans les lois ! Celles
» auxquelles vous auriez l'imprudence d'attacher
» un tel caractère parce qu'elles sont aujour-
» d'hui pour vous, demain, dans quelques jours
» peut-être, se tourneront contre vous avec
» fureur (1). »

RÉPONSE.

Aucune secte chrétienne n'admet le divorce
au rang des articles de sa croyance; toutes sont
pénétrées du dogme de l'indissolubilité du mariage. Mais les théologiens des communions protestantes ont imaginé, pour plaire aux princes

(1) Discours de M. Savoye-Rollin, orateur du tribunat, au corps-législatif, *en faveur du Divorce.*

et aux peuples, que dans certains cas ils avoient
le droit de dispenser les époux de l'accomplis-
sement de ce précepte, tout comme ils se sont
attribué le pouvoir d'autoriser la polygamie
simultanée en faveur de quelques augustes personnages, tels que le landgrave de Hesse et
Frédéric-Guillaume, roi de Prusse.

Les docteurs de chaque secte ont sur ce point
des sentimens particuliers, et ils ne peuvent pas
même s'accorder entr'eux, parce qu'ils s'attri-
buent le privilége d'interpréter chacun à sa manière les saintes écritures et la doctrine des
apôtres. Les variations et les grands inconvéniens
du divorce ont déterminé, dans les pays protestans, et surtout en Angleterre, les deux pouvoirs
à ne dissoudre le mariage que rarement, avec
beaucoup de formalités, et pour des considérations très-puissantes.

« Nous distinguons deux espèces de divorces,
» dit *Blackstone*, le divorce absolu, c'est-à-dire
» *à vinculo matrimonii*, et celui qui ne l'est
» qu'en partie *à mensâ et thoro*. Le divorce *à
» vinculo matrimonii* ne peut avoir lieu que
» dans le cas des empêchemens canoniques dont
» nous avons ci-devant parlé, et qui existoient
» même avant le mariage : tel seroit, par exemple,
» le degré de consanguinité prohibé par la
» loi, etc. Le mariage alors est déclaré nul,
» comme illégitime, *ab initio*; sur quoi les par-
» ties unies sont séparées *pro salute animarum.*
» C'est pourquoi, comme nous l'avons dit, le

» mariage ne peut être déclaré nul, que du
» vivant de ceux qu'il a unis; et l'effet de ce
» divorce est de rendre bâtards les enfans qui en
» sont provenus, ou qui dans la suite en pro-
» viendroient.

» Le divorce *à mensâ et thoro*, peut avoir
» lieu, quand le mariage a été bon, *ab initio*,
» conformément à la loi qui répugne à le rompre,
» à moins que ce ne soit pour quelqu'excuse
» légitime survenue depuis la célébration. Ce
» divorce peut être prononcé quand les personnes
» mariées se trouvent dans l'impossibilité de
» pouvoir vivre ensemble, soit qu'il y ait incom-
» patibilité de caractère entr'elles, soit dans le
» cas d'adultère prouvé ; car la loi de l'Eglise,
» à laquelle se conforme alors la loi commune,
» ne consent pas volontiers que, pour quelque
» cause que ce soit, l'union formée légitimement
» entre deux personnes soit rompue : et cela est,
» dit-on, fondé sur la loi divine, qui cependant
» autorise un homme qui est séparé de sa
» femme, pour cause d'adultère, à en épouser
» une autre. La loi romaine, qui tire son origine
» du paganisme, admet plusieurs excuses du di-
» vorce absolu ; et sa sévérité, dans certains
» points, est quelquefois poussée jusqu'au ridi-
» cule : comme, par exemple, si une femme va
» à la comédie ou aux jeux publics, à l'insu et
» sans le consentement de son mari. Elle est en-
» core de la dernière sévérité pour ce qui touche
» l'adultère, qui chez nous n'autorise le divorce

» qu'*à mensâ et thoro*. La meilleure raison qu'on
» puisse donner de cette indulgence, c'est que
» les divorces deviendroient facilement trop
» communs, attendu que l'une des parties *pour-*
» *roît l'obtenir*, soit *en commettant le crime*,
» soit *en l'avouant d'elle-même*. C'est ce qui
» arrivoit autrefois, lorsque les incapacités
» canoniques produisoient le divorce, et que les
» Cours ecclésiastiques l'ordonnoient sur la
» confession de l'une des parties. Le droit cano-
» nique n'admet plus aujourd'hui ces aveux volon-
» taires, même pour les divorces *à vinculo ma-*
» *trimonii*. Depuis quelques années, cependant,
» plusieurs actes du parlement ont prononcé
» le divorce *absolu* pour *cause d'adultère* (1). »

Ainsi les Anglais, toujours si ombrageux en
matière de tolérance et de liberté, ne permettent
aux tribunaux que d'accorder la simple séparation pour des causes postérieures au mariage,
quels que soient les torts de l'époux coupable;
et le premier exemple d'un divorce absolu, prononcé par le parlement, centre de tous les pouvoirs, ne remonte pas à un siècle.

Il faut donc un grand acte national pour dissoudre le mariage en Angleterre, où le divorce
est nécessairement très-rare. On en voit plus à
Paris, dans le cours d'une année, que tout
l'Empire britannique n'en a vu dans la période

_____

(1) Blackstone, *Commentaires sur les lois anglaises*, tom. II,
pag. 156 et suivantes.

du dernier siècle; et néanmoins, en Angleterre, les bons esprits considèrent la seule possibilité du divorce comme une plaie profonde et contagieuse : déjà on a proposé en plein parlement une loi pour en interdire la faculté, même en cas d'adultère; et l'accueil que cette proposition a reçu, autorise à regarder comme prochaine, l'époque où elle sera l'objet d'une loi générale pour les trois royaumes.

On veut maintenir le divorce en France, parce qu'il n'est pas contraire au principe religieux de la quarantième partie de ses habitans ; mais cette minorité n'en réclame pas l'exercice comme un droit naturel, comme un privilége imprescriptible. Mais ce ménagement ridicule pour les passions de cette minorité, devient une oppression réelle et funeste pour les trente-neuf quarantièmes des Français dont la croyance repousse jusqu'à l'ombre du divorce. Il est vrai que la loi laisse aux époux l'alternative du divorce ou de la séparation ; mais c'est à l'époux qui se plaint de l'autre que cette alternative est offerte. L'époux défendeur n'a point d'option à faire; si l'époux offensé demande le divorce, l'époux qui a des torts verra rompre sans qu'il puisse s'y opposer, les liens du mariage que sa religion déclare indissolubles ; en sorte que la loi qui veut le punir de ses écarts, l'en récompense, et l'excite à renier sa foi, en lui offrant la perspective d'une nouvelle union qu'elle protégera de toutes ses forces.

L'époux offensé qui auroit dû être l'objet de toute la sollicitude du législateur, est placé, par lui, dans une position non moins alarmante pour une conscience délicate. En vain a-t-il opté pour la séparation : si l'autre époux le somme d'y mettre fin après un délai de trois ans, et si des obstacles invincibles s'opposent encore à une réunion, il n'est pas en son pouvoir d'empêcher le divorce et ses funestes conséquences.

Enivré de plaisirs et de jouissances qui ne devroient être que le prix de la vertu, l'époux infidèle et parjure insultera à la douleur, à la solitude, au veuvage de l'époux qui n'a violé aucun de ses sermens, et qui a rempli tous ses devoirs. Quelle tentation pour ce dernier, de se jouer aussi du dogme de l'indissolubilité du mariage, et de chercher dans une union nouvelle, une ressource contre l'ennui, et une dissipation que la loi elle-même déclare lui être nécessaire ?

Remarquez encore qu'il faudroit, dans le système des partisans du divorce, que la loi fût aussi indulgente que la secte qui l'admet pour un plus grand nombre de causes; car, si elle restreint les causes du divorce, si elle ne le tolère pas dans toutes les circonstances où certaines sectes le souffrent, alors, et suivant l'expression de M. Savoye-Rollin, elle use de violence à l'égard de ceux qui font partie de ces sectes, puisqu'elle les oblige de proscrire ce qu'elles approuvent.

Ainsi, en restreignant les causes du divorce,

auxquelles, de son aveu, la loi de 1792 avoit donné une trop grande extension, le législateur est tombé dans une inconséquence évidente ; il n'a pas senti qu'il n'étoit point en son pouvoir de transiger avec les passions qui veulent qu'on maintienne le divorce, et que du moment où il le permet, sous prétexte qu'il est agréable à quelques sectes, il doit, sous peine d'intolérance, leur en laisser la faculté, dans tous les cas où leurs théologiens enseignent qu'elles peuvent, sans scrupule, user de ce remède.

En vain dira-t-on que le législateur peut assigner des bornes à l'exercice d'un droit naturel, dont la trop grande extension pourroit troubler la paix et l'harmonie de la société, au bien de laquelle les individus doivent sacrifier quelques parties des droits qu'ils tiennent de la nature.

On répondra toujours avec avantage, qu'il n'y a pas plus de motifs pour priver une secte religieuse de la faculté du divorce, dans certains cas où l'autorité spirituelle la lui permet, que pour la lui interdire d'une manière absolue. Si on en accorde la pratique, nonobstant les maux qu'il entraîne, pour sévices et pour cause d'adultère, parce que certaines sectes croient pouvoir, dans ces cas, rompre les liens du mariage, il faut aussi nécessairement l'admettre pour cause d'absence et de désertion malicieuse, et même pour cause d'incompatibilité d'humeur, parce qu'il y a des sectes qui l'approuvent dans toutes ces circonstances.

La conséquence infaillible des principes qui ont servi de base à la loi du divorce, est que la doctrine des sectes les plus rigides ne doit pas prévaloir sur celle des sectes plus indulgentes, qui ne reconnoissent aucune suprématie, et qui doivent, comme les autres, jouir, en cette matière, de toute la liberté que leur croyance leur accorde.

Il y auroit néanmoins un moyen de mettre la loi du divorce en harmonie avec tous les cultes, ce seroit de ne permettre que la simple séparation à tous les citoyens qui ont fait consacrer leur mariage par les ministres de la religion catholique, et de l'autoriser pour les sectateurs des autres cultes, en graduant les causes pour lesquelles il peut être toléré, sur celles qui sont admises par le culte professé publiquement par ceux qui cherchent à rompre les liens du mariage.

Cette loi très-compliquée et prêtant même à l'arbitraire, à cause de la diversité des cultes, et les variations de leurs doctrines sur l'article du divorce, devroit être agréable à toutes les sectes dont elle respecteroit la croyance ; elle donneroit aux jeunes époux et à leurs parens, la garantie précieuse d'une union indissoluble, lorsque le mariage auroit été béni suivant les rits de la religion catholique; en un mot, elle auroit l'avantage de concilier au plus haut degré la déférence pour toutes les opinions religieuses, avec les prérogatives essentielles de la religion de l'Etat; et, sous ce point de vue, elle seroit conforme au texte et à l'esprit de la Charte : mais cette loi laisseroit subsister dans l'Etat une plaie qu'il faut s'empresser de refermer, mais elle maintiendroit une institution toute nouvelle que la révolution a fait éclore, et qui ne doit pas lui survivre; mais elle supposeroit ce qui n'est pas, que le législateur doit accommoder les lois civiles à la morale plus ou moins relâchée des cultes que professe la minorité des citoyens, et qu'il n'est pas en son pouvoir de défendre ce qu'interdit le culte du plus grand nombre, lorsque les autres se contentent de le tolérer par voie de dispense, et que cette prohibition est d'ailleurs dans le plus grand intérêt du corps social. Or, il est clairement démontré que l'intérêt des familles, la morale et la politique se réunissent pour l'abolition entière du divorce; il ne peut donc être question de modifier la loi qui le conserve, et indique aux amateurs la route qu'ils doivent prendre pour y parvenir.

SECTION TROISIÈME.

Réponse à l'objection tirée de ce que la faculté du Divorce est intimement liée à la liberté pleine et entière des cultes dont les ministres sont reconnus et salariés par l'Etat.

OBJECTION.

A vous entendre, l'Etat, qui distingue la religion catholique entre toutes les autres, et qui pourvoit à l'entretien de ses ministres et de ses temples, ne peut pas, sans une contradiction manifeste, adopter une loi qui heurte les dogmes de cette religion; mais prenez garde que les calvinistes et les protestans de la confession d'Augsbourg jouissent des mêmes priviléges. L'Etat a fixé lui-même la circonscription des églises; il fait ou approuve le choix des pasteurs, leur donne une rétribution convenable; il a même établi des écoles spéciales, où viennent s'instruire ceux qui se destinent au ministère. La raison d'Etat est qu'un million de Français professe l'une et l'autre de ces deux sectes, et qu'elles forment ensemble plus des neuf dixièmes de la masse dissidente; mais puisque l'Etat les traite d'une manière si favorable, il n'est pas possible qu'il les entrave dans la pratique du divorce, qui est permis dans leur croyance. Il y auroit une tyrannie évidente à vouloir qu'ils respectent le dogme catholique de l'indissolubilité du mariage. Si vous dites que le législateur a le droit de les y contraindre, il faudra convenir qu'il a également celui d'examiner, sur la question qui nous divise, les dogmes opposés des cultes auxquels il accorde la même faveur, et de baser la loi civile sur celui qui lui paroît le plus naturel, le plus ancien et le plus conforme à la pratique générale du reste de l'univers.

RÉPONSE.

Les deux cultes que vous signalez ont une prééminence incontestable sur toutes les autres communions dissidentes dont les sectateurs sont en petit nombre; mais la Charte ne les place point sur la même ligne que la religion catholique, à laquelle appartient exclusivement le titre de religion de l'Etat. La même justice qui mettoit hors de rang ces deux cultes, sous le rapport du grand nombre de leurs sectateurs, exigeoit que la religion catholique, professée par les trente-neuf quarantièmes de la population du royaume eût au-dessus d'eux certaines prérogatives dérivantes de sa supériorité numérique. Il n'y a donc qu'une seule religion de l'Etat, et c'est la religion catholique. C'est essentiellement avec les dogmes de cette religion que les lois civiles doivent être en harmonie. Cette concordance nécessaire est de droit public; donc la loi civile doit consacrer l'indissolubilité du mariage, dogme immuable de la religion catholique.

Après tout, la loi civile ne mettra point aux prises, avec sa conscience, le protestant privé de la triste faculté du divorce. S'il n'est pas libre de contracter d'autres nœuds, du moins il peut recourir à la séparation; elle suffit à son repos. Quant à ses plaisirs, l'Etat n'est pas tenu d'y pourvoir.

La privation que la suppression du divorce imposera à quelques époux, la plupart au milieu de leur carrière, est un des moindres sacrifices que l'intérêt de l'Etat commande. La patrie est-elle en péril? il faut que le fils unique s'échappe des bras de sa mère, et un mari adoré de ceux de sa tendre épouse. De quelles alarmes leur imagination n'est-elle pas troublée, lorsqu'elles apprennent ou prévoient une sanglante bataille? Qui les consolera, si les braves pour lesquels leur cœur palpite trouvent la mort au champ d'honneur? Partisans du divorce, voilà de terribles sacrifices. Si vous êtes Français, vous conviendrez que la patrie a le droit de les réclamer, lorsqu'il s'agit de la défendre contre l'ennemi extérieur, ou de faire rentrer dans le devoir d'audacieux rebelles; et vous contesteriez au législateur celui de priver quelques individus de la faculté du divorce, que leur croyance tolère, pour rejeter, par une loi générale, une institution toute nouvelle, en opposition avec les dogmes de la religion de l'Etat, et non moins contraire à l'essence du mariage, au bonheur des familles, à la morale, et à une saine politique?

SECTION QUATRIÈME.

Réponse à l'objection tirée de ce que le Divorce est de droit naturel.

OBJECTION.

L'INDISSOLUBILITÉ est le vœu du mariage; mais ce vœu est lié à celui du bonheur que deux époux assortis l'un à l'autre peuvent trouver dans la vie commune. Si le bonheur et la paix fuient les époux, si tout rapprochement entre eux est

désormais impossible, la nature, qui n'impose pas
à l'homme des devoirs impossibles à remplir, ne
l'oblige plus à respecter des liens qui deviennent
un joug insupportable : elle lui donne le droit de
les rompre, et la loi civile ne peut pas le priver
de ce droit naturel, qui est imprescriptible. Il
n'est pas permis de supposer que l'art. 6 de la
Charte ait pour but d'y porter atteinte. Si son
texte présentoit quelques obscurités, il faudroit
s'arrêter à son esprit, qui n'a pu être de déclarer
indissolubles des liens qui, en certaines circonstances, sont plus affreux que la mort, et dont la
nature réclame alors, d'une voix puissante, la
dissolution.

RÉPONSE.

« Le droit naturel consiste dans les règles que
» la seule raison prescrit aux hommes, et par
» conséquent, la loi naturelle, ou le droit de la
» nature est le sentiment, l'assemblage de ces
» règles, considérées comme autant de lois innées
» que Dieu lui-même a imposées à tous les
» hommes. Cette science renferme tous les prin-
» cipes de la morale, de la jurisprudence et de
» la politique, c'est-à-dire, ce qu'il y a de plus
» intéressant pour l'homme et pour la société.
» Ainsi les idées du droit naturel sont des idées
» relatives à la nature de l'homme. C'est donc
» dans la nature de l'homme, de sa constitution,
» de son état, qu'il faut chercher les principes de
» cette science.

» Pour cet effet, il faut envisager l'homme dans
» trois états différens : comme créature de Dieu,
» et comme tenant de lui la vie, la raison, et tous
» les avantages dont il jouit; comme un être com-
» posé d'un corps et d'une âme, qui s'aime natu-
» rellement lui-même, et qui souhaite nécessai-
» rement sa propre félicité; enfin, comme fai-
» sant portion du genre humain, comme placé
» sur la terre à côté d'autres êtres semblables à
» lui, avec lesquels il est porté, et même obligé,
» par sa condition naturelle, de vivre en société.

» Ces trois états embrassent toutes les relations
» particulières de l'homme, ses devoirs envers
» Dieu, ses devoirs envers lui-même, ses de-
» voirs envers les autres hommes.

» Ces principes convenus, nous disons que,
» de quelque côté qu'on envisage le mariage,
» dans son origine, d'après le droit naturel, tout
» se réunit pour en assurer l'indissolubilité.

1°. » Par rapport à la Divinité.... La formation
» de la première femme est l'image sensible de la
» loi vivante de l'unité et de l'indissolubilité du
» mariage. C'est un témoignage authentique de
» de la volonté du Créateur...... Le Créateur a
» formé Eve de la substance même d'Adam, pour
» lui montrer qu'elle ne devoit faire qu'un tout
» avec lui-même; qu'il existoit en elle, qu'elle
» existoit en lui; et qu'il ne pourroit désormais
» s'en séparer, sans se séparer de lui-même.
» Ainsi, unité du mariage, indissolubilité du ma-
» riage, prouvées par la création même de la

» femme, dans la loi naturelle envisagée du côté
» de Dieu.

2°. » La preuve n'est pas moins forte, si l'on
» veut considérer la loi du côté de l'homme lui-
» même. A l'aspect de cette compagne aimable,
» Adam, étonné, oublie, pour ainsi dire, toute
» la reconnoissance qu'il doit à Dieu. Encore
» occupé de tous les animaux auxquels il venoit
» de donner un nom différent, suivant leur diffé-
» rente espèce, il s'écrie : Voilà à présent l'os de
» mes os, et la chair de ma chair : *Hoc nunc os*
» *ex ossibus meis, et caro de carne meâ.* Si les lois
» naturelles ne sont que les règles que la raison
» prescrit aux hommes, quelle preuve plus forte
» attendez-vous de l'unité et de l'indissolubilité
» du mariage ? C'est le premier homme qui parle ;
» il porte lui-même la loi, il la prescrit à tous ses
» descendans. Le mari et la femme ne seront plus
» qu'un ; ce sera désormais *os ex ossibus et caro*
» *de carne.* En sorte que, voyant cet amour
» inné, ce penchant naturel, qui porte les deux
» sexes à se rechercher réciproquement, on pour-
» roit aller jusqu'à dire que ce sont les deux par-
» ties d'un même tout qui cherchent à se réunir.

3°. » Il faut, de plus, considérer la loi natu-
» relle du côté de l'homme, eu égard à ses sem-
» blables. La loi est encore écrite. Notre premier
» père l'a promulguée pour toute sa postérité :
» *Quamobrem relinquet homo patrem suum et*
» *matrem suam, et adhærebit uxori suæ.* Dé-
» sormais, l'homme quittera son père et sa mère

» pour s'attacher à sa femme. Qu'elle est forte,
» cette expression : *adhærebit uxori suæ !* et
» néanmoins qu'elle est foible, en comparaison
» du texte hébreu! Il n'y a pas de mot, dans la
» langue latine, pour exprimer une union aussi
» intime. Il est impossible de rendre toute l'éner-
» gie du texte original; et cette idée est justifiée
» par ce qui suit immédiatement après : *Et erunt*
» *duo in carne meâ*, ils seront tous deux dans
» une seule chair (1). »

Ce texte, et ceux qu'on a rapportés plus haut,
font partie des saintes écritures devant lesquelles
s'inclinent respectueusement les juifs et toutes les
sectes chrétiennes, c'est-à-dire, tous les cultes
établis en France. Tous les cultes sont donc tenus
de reconnoître que l'indissolubilité du mariage
est d'institution divine; qu'elle a été le vœu du
premier homme, la loi qu'il a dictée à tous ses
descendans; enfin, que c'est une loi divine et primitive, qui oblige tous les hommes, et à laquelle
le législateur humain peut et doit les rappeler.
Le divorce n'est donc pas une institution qui dé-
coule du droit naturel; car les lois naturelles et
divines s'accordent nécessairement ensemble, et
le divorce est incompatible avec la loi divine de
l'indissolubilité du mariage.

On parle sans cesse des lois de la nature ; mais

---

(1) Discours de M. Séguier, avocat-général dans l'affaire de
Borack Lévi, rapporté par les auteurs de la *Nouvelle Collection
de Jurisprudence*, au mot *Divorce.*

cette nature, dans le livre de laquelle certains philosophes trouvent de si belles choses, ne se-roit-elle pas tout simplement la pente malheu-reuse qui porte l'homme au mal depuis sa chute, et la révolte de ses passions contre tout ce qui tend à y mettre un frein, et à en calmer l'effer-vescence ? Les lois civiles et religieuses se donnent la main pour corriger cette nature corrompue, la purifier dans sa source, et en réprimer les écarts extérieurs.

Si le divorce fait partie du droit de la nature, comment est-il arrivé, que l'Assemblée Consti-tuante, qui s'est complue dans une déclaration des droits de l'homme, qui a garanti à tous les Français la liberté de conscience, qui a refusé au catholicisme le titre de religion dominante, qui a détruit les vœux monastiques, et tout ce qui lui a paru porter l'empreinte de la servitude, et en-chaîner, sans nécessité, la liberté de l'homme, ait laissé debout, au milieu de tant de ruines, la loi de l'indissolubilité du mariage? Certes, on ne dira pas que les lumières, l'énergie et les moyens manquoient à cette assemblée, dont la plus grande faute fut de s'être trop livrée à des théories abstraites, d'avoir cru les hommes meil-leurs qu'ils ne sont, et d'avoir mis toutes les pas-sions en mouvement, sans songer à leur opposer une digue puissante. Cependant aucune voix ne s'est élevée dans l'Assemblée Constituante pour dénoncer l'indissolubilité du mariage comme un attentat au droit naturel et à la liberté des cultes.

Le même silence fut gardé par la deuxième législature ; et il ne fallut rien moins que la journée du 10 août, les massacres de septembre, et le délire révolutionnaire, pour qu'on osât tout à coup, et de haute lutte, admettre le divorce en France. Avec lui, commença l'ère d'une république, dont l'assemblage de tous les crimes étoit la base, la terreur et la corruption le mobile universel. Lorsque, dans son intérêt, l'usurpateur corrigea en partie les abus épouvantables du divorce qu'il voulut maintenir, les amis des mœurs en éprouvèrent quelque consolation, dans l'espoir qu'ils obtiendroient davantage dans des temps plus heureux. Ces temps sont arrivés : la même main qui nous a donné la Charte, et qui saura la défendre, de concert avec les Chambres, contre les entreprises des novateurs, quelles que soient leurs bannières, nous délivrera entièrement du divorce.

SECTION CINQUIÈME.

Réponse à l'objection tirée de ce que la loi de Moïse, qui étoit une loi divine, permettoit le Divorce aux maris, et leur en faisoit même, dans certains cas, un devoir.

OBJECTION.

L'INDISSOLUBILITÉ n'est pas de l'essence du mariage et d'institution divine ; car Dieu, qui est incapable de se tromper, ne peut pas se contredire dans les lois qu'il donne aux hommes.

Or, Dieu, parlant par la bouche de Moïse, a dit
aux juifs : Que si leurs épouses ne trouvoient pas
grâce devant eux à cause de quelque défaut
moral ou physique qui leur inspirât une forte
répugnance pour elles, ils devoient donner à
leurs femmes un libelle de divorce, et les con-
gédier sans autres formalités (1). Il y a dit encore, par le même organe, aux prêtres consacrés
à son culte, qu'il leur interdisoit le mariage avec
les femmes que leurs maris auroient répudiées (2). Cette prohibition restreinte aux prêtres,
prouve que la masse du peuple pouvoit épouser
les femmes auxquelles leurs maris avoient donné
un libelle de divorce. Donc la loi de Moïse
rejette l'indissolubilité du mariage ; donc cette
indissolubilité n'est pas une loi naturelle.

RÉPONSE.

Moïse ne fait point un précepte du divorce
simple au chapitre 24 du Deutéronome ; il en
suppose l'usage, et il ordonne qu'il sera précédé
de la remise d'un libelle, dont le but est d'instruire la femme des motifs qui déterminent son
mari à la renvoyer. Mais il s'arrête là ; et parce
qu'il s'y arrête, c'est une preuve qu'il n'entend
pas autoriser les époux à aller plus loin, et à
passer réciproquement, l'un dans les bras d'une
nouvelle épouse, l'autre dans les bras d'un nouveau mari.

---

(1) *Deutéronome*, chap. 24, verset 1er.
(2) *Lévitique*, chap. 21, verset 17.

Comment Moïse , qui avoit inscrit, de là part de Dieu , sur les deux tables de la loi, le précepte absolu de ne pas commettre d'adultère et celui de ne pas regarder la femme de son voisin avec un œil de convoitise (1), auroit-il ensuite, dans le Deutéronome , commandé la rupture entière du lien conjugal aux maris mécontens, et approuvé que les femmes répudiées commissent, sous le voile d'un prétendu mariage, de véritables adultères avec d'autres hommes que leurs maris?

Si le second mariage de la femme répudiée eût été légitime aux yeux de Moïse, il n'auroit pas motivé la défense qu'il fait à son second mari de la reprendre après une seconde répudiation ou la mort de son premier mari, sur la souillure que cette femme a contractée, et sur ce que son crime est abominable aux yeux du Seigneur ; car si elle étoit libre de se remarier, son second mariage n'est point une souillure pour elle. Sans doute de fortes raisons morales et politiques s'opposent à ce que la femme remariée après sa répudiation repasse à son premier mari, quoiqu'aucun lien ne l'attache plus au second ; mais on ne peut pas dire que son retour chez son premier mari seroit une chose abominable, si son commerce avec un autre homme ne l'a point souillée, et si sa seule tache au regard de

---

(1) *Exorde.* chap. 20, vers. 14 : *non mœchaberis ;* vers. 17 : *non concupisces uxorem proximi tui.*

son premier mari est une répudiation peut-être dictée par le caprice et l'inconstance (1).

Deux passages des prophètes Jérémie et Malachie, rapportés par M. l'avocat-général Séguier, dans son éloquent plaidoyer sur l'affaire de Borack-Lévi, dont il soutenoit que la demande en divorce n'étoit pas admissible, achèvent de démontrer que la loi judaïque n'autorisoit pas la rupture entière de liens du mariage. Si elle l'eût autorisée, ces prophètes, inspirés de Dieu, auroient-ils reproché aux juifs leur mépris pour les alliances par eux contractées en face du Seigneur? Leur auroient-ils dit que ces alliances étoient éternelles, qu'ils n'avoient pas le droit de les dissoudre, et que le seul moyen d'être agréables à Dieu, étoit de garder leur esprit pur et sans tache, et de conserver la femme de leur jeunesse?

Quant à la prohibition faite par Moïse aux

---

(1) Voici le texte entier du passage qui est l'objet de la difficulté : *Si quis habebit uxorem quæ post matrimonium factum ei displacebit quoniam in corpore ejus vitium quoddam repererit, scribet libellum repudii, quod ei in manum dabit, et domo suâ eam dimittet, quæ postquam domo ejus digressa fuerit, si alterum maritum habebit, qui eam pariter contemnens, scripserit libellum repudii, quod tradiderit in manum ejus domo eam dimittens, aut si ille alter maritus qui eam in matrimonio habebat mortuus fuerit; non poterit maritus ejus prior qui eam dimiserat, postquam eam dehonestavit, iterum sumere uxorem; nam Dominus rem talem detestatur. Quare tu ejusmodi flagitium non induces in terram hanc quam Dominus Deus tuus tibi daturus est possidendam.*

(Traduction latine de la Bible, faite sur le texte hébraïque, par le P. HOUBIGANT.)

prêtres dans le Lévitique, de se marier à des femmes répudiées, tout ce qu'on peut en conclure, c'est que Moïse, obligé de fermer les yeux sur les mariages irréguliers que contractoit le commun des juifs, par condescendance pour la dureté de ce peuple, dont les désirs étoient impétueux, et les mauvaises habitudes si difficiles à corriger, a exigé la stricte exécution de la loi primitive sur le mariage des prêtres, qui devoient en avoir une idée plus pure et moins charnelle.

La réponse de Jésus-Christ aux Pharisiens, n'est pas une preuve que Moïse ait autorisé le mariage de l'un et l'autre des époux après la répudiation de la femme. La question des Pharisiens ne portoit que sur le renvoi de la femme, dont le mari étoit le seul arbitre. Jésus-Christ leur demande ce qu'ordonne sur ce point la loi de Moïse. Ils observent que la loi autorise le mari à écrire un libelle de divorce, à le remettre à sa femme, et à la renvoyer ensuite. Moïse, reprend Jésus-Christ, a fait cette ordonnance à cause de la dureté de votre cœur ; à quoi il ajoute que d'institution divine le mari et la femme sont deux dans une même chair ; que l'homme ne peut pas séparer ce que Dieu a uni. Il est évident que la demande et la réponse s'appliquent au divorce simple, qui, étant toujours dans les mains du mari, devenoit fort abusif, et ne séparoit que trop souvent, sous des prétextes frivoles, ceux que Dieu avoit unis.

Au reste, s'il étoit vrai que Moïse lui-même

eût permis le divorce en ce sens, que les époux déliés l'un de l'autre fussent libres de contracter de nouveaux nœuds, et que Jésus-Christ eût ainsi entendu la loi ancienne, il s'ensuivroit seulement, d'après les paroles de Jésus-Christ même, que Moïse, législateur d'un peuple peu docile, toujours enclin à suivre les coutumes des nations étrangères dont il étoit environné, auroit dérogé pour un temps, et en faveur de ce peuple particulier, à la loi divine et primitive, d'après laquelle le mariage est indissoluble. C'est à cette loi primitive que se rattachent la morale de l'Evangile et la foi catholique. N'est-il pas juste et naturel d'y remonter, dans un pays où tous les cultes regardent comme divin le livre qui la renferme ?

SECTION SIXIÉME.

Réponse à l'objection tirée de ce que, dans l'Evangile, Jésus-Christ autorise le Divorce pour cause d'adultère, et de ce que l'indissolubilité du mariage n'est, à aucun égard, un dogme de l'Eglise catholique.

OBJECTION.

Quiconque, dit Jésus-Christ, en saint Mathieu, renvoie sa femme pour tout autre cas que l'adultère, et en épouse une autre, est coupable d'adultère.

Origene, saint Epiphane, saint Basile, Théodoret et saint Chrysostome, ont pensé que le mariage est dissous par l'adultère. Cette opinion est générale dans toute l'Eglise grecque. Les Latins pensent, il est vrai, depuis plusieurs siècles, que l'adultère laisse subsister le nœud conjugal ; mais ce n'est là qu'un sentiment particulier, base d'une discipline particulière, et par conséquent, on peut le rejeter, sans cesser d'appartenir à l'Eglise catholique.

(Extrait d'un écrit *pour le Divorce*, imprimé en 1790, pag. 16 et suivantes.)

Dans les articles proposés au treizième siècle, pour la réunion de l'Eglise romaine à l'Eglise grecque, on ne parla point du divorce, dans la crainte de faire obstacle à cette réunion. Depuis, le Concile de Trente a donné un semblable exemple de condescendance : il avoit d'abord préparé un décret pour anathématiser l'opinion contraire à l'indissolubilité du mariage. Les ambassadeurs de Venise observèrent que ce décret blesseroit les Grecs, habitans des îles soumises à la domination de la république. Le Concile changea son décret, et se borna à anathématiser ceux qui prétendroient que l'Eglise se trompe, lorsqu'elle déclare le mariage indissoluble.

(M. Portalis, *Discussion au Conseil d'Etat sur le divorce.* — Procès-verbal. — Séance du 14 vendémiaire an X.)

D'ailleurs, le Concile de Trente n'est pas reçu en France, quant aux règles de discipline. Les Cours et l'Université ne permirent jamais d'enseigner conformément à ses canons.

(Extrait de l'écrit *pour le Divorce*, imprimé en 1790, pag. 54.)

Ainsi l'indissolubilité du mariage n'est pas un article de foi pour les catholiques; donc le divorce n'est pas contraire à la Charte, qui déclare la religion catholique religion d'Etat.

RÉPONSE.

Vous convenez que le divorce, pour toute autre cause que l'adultère, est en opposition formelle avec les dogmes de la religion catholique : donc, et dans votre système, la loi actuelle sur le divorce ne peut pas subsister, puisque, sur quatre causes de divorce qu'elle a établies, il y en a trois qui, de votre aveu, sont inconciliables avec les dogmes de la religion de l'Etat; mais la quatrième cause doit disparoître, comme les trois autres, devant le dogme antique et immuable de l'indissolubilité du mariage.

Le texte de l'Evangile, selon saint Mathieu, derrière lequel se retranchent les partisans du divorce, ne leur est point favorable, si on s'attache au sens grammatical, et au mécanisme de la phrase.

Jésus-Christ déclare coupable d'adultère quiconque fait de deux choses l'une : aura renvoyé sa femme, si elle n'est pas infidèle; ou en épousera un autre. A la vérité, les deux cas prévus par Jésus-Christ ne sont pas séparés dans son discours, par la particule disjonctive *ou*; mais la particule *et* ne les réunit évidemment que parce qu'ils ont un rapport commun, celui de rendre coupable d'adultère la personne qui se trouve dans l'un ou dans l'autre. Si la pensée de Jésus-Christ eût été que le mariage contracté par le mari, après la répudiation, du vivant de sa femme, doit être mis sur la même ligne que la répudiation, et qu'ils ne sont tous deux criminels que lorsque la femme ne les a point provoqués par un adultère, il auroit dit : *Quiconque renverra sa femme, et en prendra une autre, hors le cas d'adultère, sera coupable d'adultère;* mais il n'applique l'exception d'adultère qu'au cas de la répudiation; et il se tait sur cette exception, lorsqu'il s'occupe du cas d'un second mariage du vivant de la première femme : donc il ne l'admet point dans ce cas; donc il décide implicitement, que le mariage est indissoluble.

C'est pour cela qu'aussitôt Jésus-Christ répète ce qu'il a déjà dit dans le sermon sur la montagne : Que l'homme qui épouse une femme répudiée, du vivant de son mari, commet un adultère; en commettroit-il un si cette femme étoit libre? et, ne le seroit-elle pas, si la répudiation pour cause d'adultère dissolvoit le lien conjugal, et autorisoit les époux à contracter de nouveaux mariages?

Saint Mathieu nous apprend que ce fut au sortir de la Galilée, et pendant qu'il parcouroit le pays au-delà du Jourdain, que Jésus-Christ fit, aux Pharisiens qui voulurent le sonder, la la réponse qui nous occupe. Saint Marc place, dans le même lieu, et les mêmes circonstances, une réponse de Jésus-Christ aux Pharisiens. C'est évidemment la même. Les deux évangélistes rapportent, presque dans les mêmes termes, la partie de cette réponse, où Jésus-Christ représente le premier homme et la première femme confondus ensemble par Dieu lui-même, au point de ne faire plus qu'une seule chair, et prononce cette sentence, que *l'homme ne doit pas séparer ceux que Dieu a unis.* Quant à l'autre partie, qui contient une solution plus directe de la question insidieuse faite à Jésus-Christ par les Pharisiens, si elle pouvoit présenter quelqu'équivoque dans Saint-Mathieu, elle est d'une clarté admirable dans Saint-Marc, où Jésus-Christ, adressant la parole à ses disciples, quand les Pharisiens furent retirés, et qu'il fut entré dans la maison, dit, en propres termes, Que quiconque *ayant renvoyé sa femme et en épouse une autre, devient adultère; et que, si une femme quitte son mari pour en épouser un autre, elle devient aussi adultère.*

Saint Luc rapporte, dans une autre occasion, un autre discours de Jésus-Christ, où il condamne également, comme adultère, le mari et la femme qui profitent de la répudiation pour contracter réciproquement, et sous les yeux l'un de l'autre, un nouveau mariage (1).

_____

(1) Voici les textes de saint Mathieu, de saint Marc, et de saint Luc, suivant la *Vulgate,* sur la matière qui nous occupe :

Dictum est autem : quicumque dimiserit uxorem suam, det illi libellum repudii; ego autem dico vobis quia omnis qui dimiserit

Saint Paul fait souvenir les Romains que, suivant la loi nouvelle, une femme est liée à son
mari, tandis qu'il est vivant, et que si elle en

---

*uxorem suam exceptâ fornicationis causâ, facit eam mœchari, et
qui dimissam duxerit, adulterat.*

SAINT MATHIEU, chap. 5, verset. 31.

*Et factum est cùm Jesus consummâsset sermones istos, migravit à
Galilæâ, et venit ad fines Judææ trans Jordanem. Et secutæ sunt
eum turbæ multæ, et curavit eos ibi. Et accesserunt ad eum
Pharisæi tentantes illum et dicentes : Si licet homini dimittere
uxorem quâcumque ex causâ : qui respondens, ait eis ; Non legistis,
quia, qui fecit hominem ab initio, matrem et feminam fecit eos ,
et dixit : Propter hoc dimittet patrem et matrem, et adhærebit
uxori suæ, et erunt duo in carne unâ. Itaque jam non sunt duo,
sed una caro. Quos ergo Deus conjunxit, homo non separet.*

*Dicunt illi : quid ergò Moïses mandavit libellum repudii scribere
et dimittere ?*

*Ait illis : quoniam Moïses, ad duritiam cordis vestri, permisit
vobis dimittere uxores vestras, ab initio autem non fecit sic. Dico
autem vobis quià quicumque dimiserit uxorem suam, nisi ob forni-
cationem, et aliam duxerit, mœchatur, et qui dimissam duxerit,
mœchatur.*

*Dicunt ei discipuli ejus : si ita est causa hominis cum uxore, non
expedit nubere. Dixit eis : non omnes capiunt verbum istud, sed
quibus datum est.*

SAINT MATHIEU, chap. 19, verset 1 et suivans.

*Et inde exurgens venit in fines Judææ, ultra Jordanem. Et
conveniunt iterùm turbæ ad eum, et sicut consueverat, iterùm
docebat eos. Et accedentes Pharisæi interrogabant eum : Si licet viro
uxorem dimittere, tentantes illum : at ille respondens dixit : Quid
vobis præcepit Moïses ? Qui dixerunt : Moïses permittit libellum
repudii scribere et dimittere. Quibus respondens ait : Ad duritiam
cordis, scripsit vobis præceptum istud. Ab initio autem creaturæ,
masculum et feminam fecit eosdem. Propter hoc, relinquet homo
patrem et matrem, et adhærebit ad uxorem suam, et erunt duo in
carne unâ ; itaquè non sunt duo, sed caro una. Quod ergò Deus
conjunxit, homo non separet. Et in domo iterùm discipuli ejus
interogaverunt eum ; et dixit illis : Quicumque dimiserit uxorem*

épouse un autre, elle doit être tenue pour adultère (1).

Dans sa première épître aux Corinthiens, il établit l'indissolubilité du mariage par ces paroles remarquables : Ce n'est pas *moi*, *mais c'est le Seigneur*, qui ordonne que la femme ne se sépare pas de son mari; et que si elle s'en *sépare*, elle observe *la continence*, ou *se réconcilie avec son mari* (2).

C'est donc le Seigneur lui-même qui assimile à un véritable adultère le mariage qui suit la séparation, lorsque les deux époux désunis vivent encore. Est-il possible, après cela, de supposer une interversion, une faute grammaticale dans le texte de saint Mathieu? Jésus-Christ n'a pas pu se

---

suam et aliam duxerit, adulterium committit super eam. Et si uxor dimiserit virum suum et alium nupserit, mœchatur.
SAINT MARC, chap. 10, verset 1 et suivans.

Omnis qui dimiserit uxorem suam et alteram ducet, mœchatur. Et qui dimissam à viro ducet, mœchatur.
SAINT LUC, chap. 17, verset 18.

(1) *An ignoratis, fratres, scientibus enim* legem loquor, *quià lex in homine dominatur, quanto tempore vivit. Nam quæ sub viro est mulier, viro vivente, alligata est legi. Si autem mortuus fuerit vir ejus, soluta est à lege viri. Igitur, vivente viro, vocabitur adultera, si fuerit cum alio viro. Si autem mortuus fuerit vir ejus, liberata est à lege viri, ità ut non sit adultera, si fuerit cum alio viro.*
SAINT PAUL, Epître aux Romains, chap. 7, verset 1 et suiv.

(2) *Iis autem qui matrimonio juncti sunt, præcipio*, non ego sed Dominus, *uxorem à viro non discedere. Quòd si discesserit, manere innuptam, aut viro suo reconciliari, et vir uxorem suam non dimittat.*
SAINT PAUL aux Corinthiens, chap. 7, verset 10.

contredire ; sa doctrine et sa morale ne varient pas, comme les vaines opinions des hommes. C'est la sagesse d'en haut qui a dicté tous ses oracles ; ils cesseroient d'être ceux d'un Dieu, s'ils n'étoient pas entr'eux dans une concordance parfaite.

Il est donc impossible à toute personne qui croit à l'Evangile et à la divinité de Jésus-Christ, d'interpréter le passage de saint Mathieu, qu'on soutient être équivoque dans un sens directement contraire à la doctrine de Jésus-Christ lui-même, telle que saint Marc et saint Luc l'ont recueillie de sa bouche en plusieurs circonstances, et qu'il l'a révélée à l'apôtre des nations. Les disciples de Jésus-Christ comprirent si bien le véritable sens des paroles de leur divin maître, rapportées par saint Mathieu, qu'effrayés de sa doctrine inflexible sur l'indissolubilité du mariage, ils lui dirent : Si telle est la condition de l'homme, au regard de sa femme, il n'est pas expédient de se marier : exclamation qui ne leur eût point échappé, si l'homme dont la femme viole la foi conjugale pouvoit chercher des consolations dans un autre mariage.

Saint Jérôme, saint Augustin, saint Grégoire de Nazianze, tous les anciens Pères de l'Eglise, enseignent, avec saint Paul, que les époux séparés doivent vivre dans la *continence, ou se réunir* (1).

_____

(1) M. Séguier a cité dans son éloquent plaidoyer sur l'affaire de Borack-Lévi plusieurs passages des Pères de l'Eglise, qui sont

Origène, qui a écrit un livre contre les secondes noces, n'a point entendu parler d'une
dissolution de mariage emportant la faculté de se
remarier, lorsqu'il a dit, que le Seigneur ne l'a
permise que dans le cas où il y a eu fornication
de la part de la femme; car, dans le langage
des écrivains des premiers siècles de l'Eglise,
le mariage étoit dissous par le fait de l'autorisation accordée aux époux de vivre séparés l'un
de l'autre. C'est en ce sens que saint Chrysostome,
dans ses Homélies sur la Genèse, et sur le sep-
tième chapitre de la première aux Corinthiens,
décide que le mariage est dissous par la fornication, et que le mari n'est plus mari; car il s'é-
lève en toute circonstance contre le véritable
divorce. Pourquoi saint Paul, dit-il, dans son
livre sur la virginité, nombre 39, ne permet-il
le mariage à la femme qu'après la mort de son
mari, si ce n'est parce que plus tôt, il seroit un
adultère (1)?

Suivant saint Basile, le mari abandonné par

tous d'une grande force. Plusieurs fragmens de ce plaidoyer sont
rapportés par les auteurs de la *Nouvelle Collection de Jurisprudence*, au mot *Divorce*.

(1) M. l'abbé Chapt de Rastignac, dans son Traité intitulé:
Accord de la révélation et de la raison contre le Divorce, passe en
revue tous les Pères de l'Eglise grecque, discute tous les passages
dont se prévalent les partisans du Divorce, les compare avec
d'autres passages où ils reconnoissent clairement l'indissolubilité
du mariage, et démontre que l'opinion actuelle de l'Eglise
grecque n'a commencé à s'y répandre qu'après le patriarchat de
Photius. Je renvoie le lecteur à cet excellent ouvrage.

sa femme est digne de pardon s'il en épouse une autre. Le pardon suppose une faute commise ; donc le saint docteur reconnoissoit que le lien conjugal est indissoluble, et que celui qui contracte un second mariage du vivant de sa première femme, est toujours plus ou moins coupable, quelle que soit son excuse.

Théodoret étoit loin de prévoir qu'on abuseroit un jour de ses expressions, lorsqu'il a dit : « Que, suivant l'ordonnance du Seigneur, le mariage doit être rompu, toutes les fois que la femme tourne ses vœux vers un autre que son mari. » Cette rupture du mariage n'étoit à ses yeux que le droit de renvoyer la femme infidèle, droit qu'il ne faut pas confondre avec celui de contracter une nouvelle alliance : c'est ce qu'il explique lui-même dans ses Méditations sur la première de saint Paul aux Corinthiens, où il observe qu'en ordonnant la continence aux époux séparés, le grand apôtre a *défendu la disjonction du mariage.*

Le Concile de Constantinople, tenu en 672, adopta plusieurs canons qui rejetèrent le divorce pour cause d'adultère ; le schisme étoit déjà consommé depuis deux siècles dans l'Eglise grecque, lorsque la doctrine de la rupture totale des liens du mariage par le divorce, parvint insensiblement à s'y introduire. Nous devons reconnoître que, depuis cette époque, elle y est devenue presque universelle.

Quant à l'Eglise latine, elle n'a jamais varié

dans sa doctrine; elle a toujours cru et enseigné
que le mariage est indissoluble, et que la séparation seule est permise, même en cas d'adultère.
Si les PP. du saint Concile de Trente n'ont pas
anathématisé ceux qui disent que l'adultère
rompt le mariage d'une manière absolue, c'est
par condescendance pour les Grecs, dont la
réunion au sein de la véritable Eglise paroissoit
alors prochaine. Mais il a frappé d'anathème,
ceux qui soutiennent que l'Eglise se trompe,
lorsqu'elle *enseigne selon la doctrine évangé-*
lique et apostolique, qu'à cause de l'adultère
de l'un des époux, le mariage ne peut pas être
dissous, et que l'un et l'autre, même époux
non coupable, ne peut pas du vivant de l'autre
époux contracter un autre mariage.

Ainsi le Concile déclare que l'enseignement
de l'Eglise catholique, sur l'indissolubilité absolue
du mariage, est conforme *à la doctrine de l'E-*
vangile et des apôtres; si cet enseignement y
est conforme, l'Indissolubilité du mariage qui en
est l'objet, est un article de foi pour les fidèles,
et le sentiment contraire est une erreur, comme
l'observe très-judicieusement Frapaolo, historien
du Concile. Donc l'indissolubilité du mariage est
au nombre des dogmes de l'Eglise catholique et
romaine.

On objecte que le Concile de Trente n'est pas
reçu en France. Nous répondrons à nos adversaires ce que répondoit M. Bossuet à M. Leibnitz
qui proposoit la suspension du Concile de Trente:

« Certains articles de discipline adoptés par le
» Concile n'ont pas été reçus en France, parce
» qu'il n'est pas essentiel à l'Eglise que la dis-
» cipline y soit uniforme ; mais il n'en est pas
» de même à l'égard de la doctrine qui est une et
» immuable : or, il n'est pas en France un seul
» prêtre, un seul évêque, un seul homme qui
» croie pouvoir se dire dans la foi catholique, et
» qui ne reçoive pas la foi et la doctrine du Con-
» cile de Trente. L'indissolubilité du mariage est
» un des points de cette foi et de cette doctrine ;
» donc elle est de foi pour tous les catholiques de
« France : donc, la loi du divorce heurte un
» dogme de la religion de l'Etat ; donc elle doit
» être entièrement abrogée. »

SECTION SEPTIÈME.

Réponse à l'objection tirée de ce qu'avant 1788, et à une époque
où la religion catholique étoit le seul culte permis en France,
les protestans et les juifs ont obtenu plusieurs fois des tribunaux, la dissolution des liens de leurs mariages.

OBJECTION.

Vous avez dit vous-même que la religion
catholique n'est plus et ne peut pas devenir par
un réglement la religion exclusive des Français.
Hé bien, alors même qu'elle étoit seule reconnue
en France, et que, sous prétexte de tout ramener
à l'unité et d'étouffer un ferment de discorde,
on avoit recours aux mesures les plus violentes
pour arracher aux non-conformistes des marques

extérieures de catholicisme, les protestans d'Alsace et d'autres provinces, pouvoient pratiquer
entre eux le divorce dans les cas où leur croyance
l'autorise. Les juifs étoient aussi en possession de
faire prononcer le divorce par leurs rabbins,
lorsqu'ils en avoient quelques causes légitimes.
C'est ce qui a été jugé par sentence du Châtelet
de Paris, en date du 18 mars 1779, dans la célèbre affaire d'entre le sieur Pexotto, juif portugais, et Sara Mendex, d'Acosta, son épouse.

N'est-il pas souverainement ridicule de vouloir
que la loi soit moins indulgente pour les non-
catholiques, lorsque la Charte consacre le principe que tous les cultes sont libres, et qu'ils ont
tous droit à une égale protection?

RÉPONSE.

La première partie de l'objection repose sur
un fait inexact. Depuis la révocation de l'édit de
Nantes, et jusqu'à la déclaration qui a rendu
l'état civil aux protestans, les lois du royaume
n'ont pas reconnu les mariages qu'ils contrac-
toient ensemble devant leurs ministres; l'édit
de 1685 est positif à cet égard; des arrêts du
parlement de Grenoble, en date des 9 septembre
1741, 1er avril 1746, 7 juin 1749, 6 avril 1767;
un arrêt du parlement de Toulouse, en date du
8 août 1743, et un arrêt du parlement de Paris,
rendu sur le rapport de M. Pasquier, au mois
de juillet 1764 (1), ont déclaré non-recevables

(1) Ces arrêts et les espèces dans lesquelles ils ont été prononcés, sont rapportés par l'auteur du *Code matrimonial*, pag. 832
et suivantes.

dans leurs demandes, de prétendus héritiers qui ne justifioient leur parenté avec ceux *de quorum successionibus agebatur*, que par des actes de mariage dressés dans le désert ou en pays étranger, par les ministres des communions protestantes.

Si en 1776 le parlement de Paris déclara non-recevable dans sa demande la baronne de Bouge, née Baudry, qui concluoit à la nullité de son mariage avec le baron de Bouge, par la raison qu'il avoit été contracté dans la chapelle de l'ambassadeur de Hollande, c'est parce qu'il étoit justifié en point de fait, qu'aucun des deux époux n'étoit régnicole, et qu'en leur qualité d'étrangers et de protestans, ils avoient été libres de se marier devant un ministre, et dans la chapelle d'un ambassadeur de leur communion.

A l'égard du divorce, il est vrai que les consistoires d'Alsace se maintinrent quelque temps dans la possession de le prononcer entre les personnes de leur croyance ; mais un arrêt du conseil supérieur, rendu le 26 juin 1722, sur les conclusions du ministère public, fit défense au consistoire de Landau, et à tous autres, de procéder à la dissolution des liens du mariage, et d'y donner aucune atteinte (1).

Quant aux tribunaux civils, ils n'ont jamais pu prononcer entre les protestans, sur le motif qu'il étoit autorisé par leur religion, puisque les

(1) *Code matrimonial*, pag. 449.

mariages contractés par les protestans en face de leurs ministres, n'avoient aucune existence légale. Depuis, et nonobstant la protection spéciale accordée aux protestans d'Alsace, et la tolérance dont jouissoient tous les autres dans les diverses provinces du royaume, il n'en est pas un seul qui ait osé porter devant les tribunaux une demande en divorce. C'est en 1792, pour la première fois, et en vertu de la loi du mois de septembre de la même année, que ce mot funeste y a retenti.

Le fait qui sert de base à la deuxième partie de l'objection est vrai ; mais on en tire une fausse conséquence. Les juifs portugais, qui avoient apporté en France une industrie précieuse et de grandes richesses, y ont obtenu de la munificence de plusieurs Rois, des priviléges assez considérables, notamment celui d'avoir des synagogues et de vivre suivant leurs usages. Ils pouvoient donc se marier, et même rompre les liens du mariage suivant les rits du culte hébraïque, et c'étoit devant leurs rabbins qu'ils devoient se retirer pour faire décider les difficultés qui s'élevoient entr'eux sur le régime intérieur des familles. Les cours et tribunaux avoient la sagesse de ne pas vouloir en connoître, et c'est pour cela que la sentence du Châtelet, du 10 mai 1779, renvoya *Pexotto*, juif portugais, demandeur en divorce, et *Sara Mendex*, d'*Acosta*, sa femme, devant les rabbins pour y dresser les actes qu'ils jugeroient convenables, conformément aux usages des juifs portugais. Mais il ne faut pas perdre de vue que les juifs portugais formoient un peuple distinct, un peuple toujours étranger au milieu du peuple français, quoiqu'ils habitassent les mêmes cités, et se mêlassent avec eux en apparence, car ils s'allioient toujours les uns aux autres; ils étoient exclus de tous les emplois publics, le commerce étoit la seule profession qui leur fût permise; ils étoient l'objet de règles qui leur étoient propres, et d'une surveillance toute particulière. Ainsi, la pratique du divorce chez les juifs portugais ne prouve nullement que le divorce fût toléré en France, et entre les Français, avant l'époque désastreuse où il fut établi sur les ruines du trône et du sanctuaire.

SECTION HUITIÈME.

Réponse à l'objection tirée de ce que la loi n'a point établi le Divorce, mais en a seulement réglé l'exercice pour le rendre moins funeste.

OBJECTION.

Le législateur n'a point entendu contrarier, par la loi actuelle sur le divorce, le dogme de l'indissolubilité du mariage, ni décider un point de conscience. Mais il s'est aperçu que les excès les plus graves rendoient la vie commune insupportable à un grand nombre d'époux. Uniquement chargé de leur bonheur présent, il n'a pas cru pouvoir les contraindre à respecter des

nœuds qu'ils abhorrent, ou à vivre dans un
célibat forcé, qui est aussi funeste aux mœurs
qu'à la société. Le divorce étoit, entre les mains
des époux mécontens l'un de l'autre, une arme
terrible, dont l'usage effréné pouvoit avoir les
suites les plus funestes. Le législateur a émoussé
cette arme pour la rendre moins dangereuse, et
n'a permis aux époux de s'en servir que dans le
cas d'une absolue nécessité. Il s'arrête là, et abandonne à la conscience des époux l'usage du divorce; ceux dont le divorce alarme la conscience, sont bien libres de ne pas y recourir, et
de lui préférer la séparation.

RÉPONSE.

Il ne s'agit point ici de l'intention de ceux qui
ont rédigé la loi actuelle sur le divorce. Quel
qu'ait été leur but, ils ont évidemment contrarié
le dogme de l'indissolubilité du mariage, puisqu'ils ont permis le divorce, qui en opère la
dissolution absolue et sans retour (1).

Ils l'ont contrarié, puisqu'ils ont rendu commun
à tous les Français l'exercice du divorce, dont
les trente-neuf quarantièmes d'entr'eux ne peuvent
faire usage sans renier leur croyance; ils l'ont
contrarié, puisqu'il suffit à l'époux mécontent
de préférer le divorce pour le faire prononcer
contre l'autre, malgré sa répugnance; ils l'ont
contrarié, puisque l'époux qui, fidèle aux dogmes

---

(1) Les époux qui divorceront pour quelque cause que ce soit,
ne pourront plus se réunir. (Art. 295 du Code civil.)

de son culte, s'en est tenu à la simple séparation, ne peut échapper au divorce, si, au bout
de trois ans, son conjoint le somme de le reprendre, et en cas de refus demande au juge la
dissolution du lien conjugal ; ils l'ont contrarié,
puisqu'il ne tient pas à eux que tous les catholiques emportés par des passions bouillantes, ou
blessés dans leurs affections les plus chères, ne
provoquent la rupture de leur mariage contre le
cri de leur conscience.

Ils peuvent opter, dites-vous. Mais est-elle
donc morale cette loi de l'Etat, qui laisse aux
sectateurs de la religion de l'Etat le choix d'imposer silence à leurs passions et d'éviter un parjure, ou de se laisser aller au torrent qui les
emporte, et de faire dissoudre leur mariage en
vertu de la loi qui les y autorise ?

On oppose que la loi n'a point établi le divorce, et qu'elle s'est contentée de le régulariser
et de le rendre plus difficile. Mais, existoit-il
donc en France avant 1792 ? C'est une loi qui, à
cette époque, nous en a fait le présent funeste.
C'est encore une loi qui l'a maintenu en 1803.
Sans ces lois, il erreroit encore, en frémissant,
autour des barrières de la France. En 1792, il
n'étoit en pratique nulle part. Donc il n'y avoit
pas d'abus à corriger sur cette matière. Les
abus sont entrés en foule avec le divorce ; on
a d'abord fait un mal effroyable en autorisant
le divorce ; et puis, on a essayé d'y appliquer
quelques palliatifs pour le rendre moins dange-

reux et moins épidémique. Etranges médecins, que des gens qui commencent par nous blesser pour nous guérir ensuite ! Le législateur de 1815 ne peut adopter un aussi ridicule et aussi barbare système. Il détruira le divorce, et avec lui les abus, qui en sont les accessoires inséparables.

SECTION NEUVIÈME.

Réponse à l'objection tirée du célibat auquel la séparation condamne les époux.

OBJECTION.

« LE vœu principal du mariage est trompé
» par le jugement qui sépare les époux, et fait
» au mari des défenses de hanter sa femme;
» n'est-il pas vrai que l'époux n'a plus de femme,
» et que la femme n'a plus de mari?..... On in-
» terdit à deux époux, célibataires de fait, tout
» espoir d'un lien légitime.... Cependant, l'un
» des époux étoit du moins sans reproches.
» Faut-il l'offrir une seconde fois en sacrifice
» par l'interdiction des sentimens les plus doux
» et les plus légitimes?..... L'époux même
» dont les excès ont provoqué la séparation,
» ne peut-il pas mériter quelque intérêt? Etoit-il
» impossible que mûri par l'âge et la réflexion,
» il pût trouver une compagne qui obtiendroit
» de lui cette affection, constamment refusée à
» la première? »

(M. Treilhard, *Discours au Corps-Législatif, en faveur du Divorce.*)

RÉPONSE.

La séparation éloigne le mari de sa femme, la femme de son mari ; mais la femme conserve le titre d'épouse, mais la couche du mari peut n'être pas toujours solitaire ; la peine est douloureuse, mais elle n'est pas éternelle ; mais la grâce est toujours voisine du repentir, mais l'époux coupable ne désespère pas du pardon : s'il l'obtient, *le vœu principal du mariage ne sera plus trompé*, et les époux réunis se livreront aux transports des sentimens les plus doux et les plus légitimes. D'ailleurs, n'est-il pas juste d'interdire les jouissances ineffables du mariage à la femme infidèle convaincue d'adultère ? Quelle inconvenance, quel scandale de lui permettre de nouveaux nœuds, et de récompenser en elle l'oubli de ses devoirs et la désobéissance aux lois ?

Les époux séparés ressemblent à ces administrateurs négligens et infidèles, qu'une faute grave a fait exclure de l'administration publique, et empêche d'y rentrer. Par la même raison, il doit leur être défendu de se mettre à la tête d'une nouvelle famille, dans la crainte qu'ils ne fassent pour elle ce qu'ils ont fait pour la première.

« Il ne peut pas être plus permis au parjure » de former de nouveaux liens, qu'à un homme » mis hors de la loi de rentrer dans le pays où » il a été condamné (1).

_____

(1) Mad. de Necker, *Réflexions contre le Divorce*, pag. 87.

» Lorsque l'époux auquel le divorce aura
» arraché la première victime de ses violences,
» en aura dû une seconde à son hypocrisie et
» au calcul intéressé des parens, les tribunaux
» refuseront-ils de la protéger à son tour ? Qui
» peut dire cependant combien de mariages
» seront souillés alors par les désordres d'une
» union mal assortie (1)?

» Quant à l'époux ou à l'épouse outragés,
» le sort est tombé sur eux pour donner un
» grand exemple de délicatesse : ils pleureront
» dans le désert comme la fille de *Jephté*; mais
» ils vivront solitaires comme elle, par respect
» pour des vœux formés en présence du ciel (2).

» Seroit-il vrai que le célibat de fait et subor-
» donné à une réunion toujours possible, fût
» une peine pour l'époux qui a éloigné de lui
» une femme coupable, et qui ne peut pas en
» épouser une autre, la justice de sa punition
» seroit encore évidente, parce que les torts de
» la femme sont trop souvent ceux du mari, et
» accusent presque toujours son choix ou d'in-
» térêt ou de légèreté, son humeur de tyrannie,
» sa conduite de foiblesse ou de mauvais exem-
» ples (3).

» D'ailleurs, ce qu'on prend pour une incompa-
» tibilité naturelle, n'est souvent qu'une insocia-

(1) M. de Nougarède, *Lois des Familles*, pag. 162.
(2) Mad. Necker, *Réflexions contre le Divorce*, p. 87 et 88.
(3) M. de Bonald, *du Divorce au XIXᵉ siècle*, pag. 181.

» bilité absolue. Voilà pourquoi le célibat n'est
» pas toujours absurde; voilà pourquoi celui qui
» a fait un divorce en fera deux, en fera trois, en
» feroit vingt s'il en avoit le temps (1). »

Après tout, que sont les intérêts privés de
quelques individus coupables ou malheureux,
auprès du grand intérêt de la nation entière, qui
exige que le mariage soit indissoluble, et que
les époux séparés ne puissent en goûter les dou-
ceurs qu'ensemble et par l'effet d'un rapprochement mutuel?

Au surplus, dans cette foule de célibataires
qui forment une espèce de peuple bien dangereuse pour les mœurs, au sein des grandes villes,
ceux qui vivent forcément dans le célibat, seront
toujours en bien petit nombre, comparativement à ceux pour lesquels il sera volontaire.
« Qu'on bannisse la licence du mariage, qu'il
» paroisse à tous les yeux avec les attraits simples
» et irrésistibles qu'il a reçus de la nature (2),
» » et il restera bien peu de célibataires.

---

(1) M. Carion de Nisas, *Discours au Tribunat*, contre le
Divorce.

(2) M. de Nougarède, *Lois des Familles*, pag. 164.

SECTION DIXIÈME.

Réponse à l'objection tirée du tort que la séparation fait à la population, en s'opposant à ce que les époux, dont l'union est stérile, en contractent de nouvelles qui seroient fécondes.

———

OBJECTION.

« Il ne faut pas s'étonner si l'on voit chez les » chrétiens tant de mariages fournir un si petit » nombre de citoyens; le divorce est aboli; les » mariages mal assortis ne se raccommodent » plus; les femmes ne passent plus, comme chez » les Romains, dans les mains de plusieurs maris, » qui en tiroient, dans le chemin, le meilleur » parti possible. »

(M. de Montesquieu, *Lettres Persannes*, lettre 116.)

« La stérilité du mariage a souvent pour cause » l'impuissance relative des époux. Peut-être un » jour, revenu dans vos foyers, là où vous avez » laissé un ménage stérile et malheureux, vous » retrouverez deux familles nombreuses et fortu- » nées, et, dans votre attendrissement, vous » direz : Non, donner le bonheur à quatre époux, » et l'existence à plusieurs enfans, ce n'est pas » offenser, c'est servir la nature. »

(Hennet, *du Divorce*, liv. 3.)

Quant à la société, il est hors de doute que son intérêt réclame le divorce, parce qu'il auto- rise de nouveaux mariages, et que la défense

qui en seroit faite appauvriroit la société, de
nombre de familles dont elle auroit pu s'enrichir.

(*Discours* de M. Treilhard, orateur du gouvernement, *en faveur du Divorce.*)

RÉPONSE.

Sans doute, la fécondité contribue au bonheur
des époux; mais les unions infécondes sont souvent heureuses : nous en connoissons plusieurs où
les époux vivent dans une parfaite harmonie, et
se consolent réciproquement de n'avoir pas produit des enfans dans lesquels ils puissent revivre,
après être descendus au tombeau.

L'impuissance absolue, d'ailleurs assez rare,
est un vice radical, dont la preuve fait annuler
le mariage où il se rencontre. Celle qui n'est que
relative est équivoque et mystérieuse. Les appa-
rences du pour et du contre sont également incer-
taines; souvent elle paroît perpétuelle, et n'est
qu'instantanée. Le mariage cesse d'être stérile
à l'époque où les époux eux-mêmes n'osoient
plus l'espérer. Souvent aussi les unions, qui sembloient devoir être les plus fécondes, se trouvent
frappées d'une stérilité dont les époux, et les plus
savans anatomistes, ne peuvent expliquer la
cause. Si les époux qui n'ont point d'enfans ont,
après un intervalle plus ou moins long, le droit
de se quitter pour essayer de nouveaux mariages, qui leur garantira que ces nouvelles unions
seront fructueuses ? Est-il convenable, est-il politique de leur permettre d'exposer trois mariages

à la stérilité, qui ne devoit tomber que sur un seul, dans l'ordre de la nature?

Ce trafic honteux que les Romains, et Caton lui-même, (1) ne rougissoient pas de faire de

---

(1) *Quintus Hortensius*, personnage de grande autorité, et homme de bien, désirant joindre, par quelqu'affinité, la maison de *Caton* à la sienne, tâcha de lui persuader qu'il lui baillât en mariage sa fille *Porcia*, laquelle étoit mariée à *Bibulus*, et lui avoit fait deux enfans, pour y semer aussi, ni plus, ni moins, qu'en terre fertile, de sa semence, pour en avoir de la race; lui montrant que cela sembloit bien étrange de prime face, quant à l'opinion des hommes, mais quant à la nature, qu'il étoit honnête et utile à la chose publique qu'une belle et honnête jeune femme, à la fleur de son âge, ne demeurât point oiseuse, laissant éteindre son aptitude naturelle à concevoir, ni aussi ne fâchât, ni n'appauvrît pas son mari en lui portant plus d'enfans qu'il n'en auroit de besoin, et qu'en communiquant ainsi les uns aux autres, les femmes idoines à la génération, à gens de bien, et hommes qui en fussent dignes, la *vertu vînt à se multiplier* davantage, et à s'épandre en diverses familles, et la ville conséquemment à s'en mêler, unir et incorporer davantage en soi-même par alliance : mais si d'aventure *Bibulus* aimoit tant sa femme qu'il ne la voulût pas quitter entièrement, il la lui rendroit incontinent après qu'il lui auroit fait un enfant, et qu'il se feroit conjoint par un plus étroit lien d'amitié, moyennant cette communication des enfans avec *Bibulus* même, et avec lui. *Caton* fit réponse qu'il aimoit bien Hortensius, et auroit bien agréable son alliance; mais qu'il trouvoit étrange qu'il lui parlât de lui bailler sa fille pour en avoir des enfans, vu qu'il savoit bien qu'elle étoit mariée à un autre. Adonc *Hortensius* tournant le propos ne feignit pas de lui découvrir son affection, et lui demander *sa femme*, lorsqu'elle étoit encore assez jeune pour porter des enfans, et Caton en auroit déjà suffisamment. Et si ne sauroit-on dire qu'Hortensius fit cette poursuite à cause qu'il aperçut que Caton ne fit compte de *Marcia*, car elle étoit alors enceinte de lui : mais tant il y a que voyant le grand désir et la grande affection qu'Hortensius en avoit, il lui répondit qu'il falloit donc que *Philippus*, père de *Marcia*, en fût aussi content, lequel entendant que *Caton* s'y con-

leurs femmes, étoit-il donc si utile à la population? N'étoit-ce pas aux dépens de l'Italie et de ses vastes provinces qui s'étendoient des bords du Tage à ceux de l'Euphrate, que Rome, dépeuplée par le célibat, par le divorce, par les plus sales débauches, réparoit ses pertes effrayantes? L'intérêt de la population n'a pas maintenu l'institution du divorce chez un peuple dont les lois autorisoient l'infanticide. Il est possible que les nouveaux mariages qui suivent le divorce donnent quelquefois naissance à beaucoup d'enfans; mais que deviendront ceux des premiers lits? pourront-ils, au milieu des maux qui assiégent l'enfance, compter sur la tendresse et la sollicitude d'une mère qui les abandonne pour son nouvel époux, et la nouvelle famille dont il est le père? et si un premier divorce enhardit cette femme à en consommer un second, et à tenter un troisième mariage, les malheureux produits par la seconde union n'auroient-ils pas le sort de leurs aînés? et n'est-il pas à craindre que la santé et l'existence de tous soient compromises?

« La société se forme de ce qui subsiste, et non de ce qui naît (1). » Si donc il étoit vrai que le divorce fît naître plus d'enfans, le mariage indissoluble seroit encore plus favorable à la popula-

_____

sentoit, ne voulut pas néanmoins lui accorder sa fille, que Caton lui-même ne fût présent au contrat, et stipulant avec lui.

Vie de Caton d'Utique, par PLUTARQUE, traduction d'Amyot, pag. 933 et 934.

(1) M. de Bonald, *du Divorce au XIXe* siècle, pag. 171.

tion, parce qu'il en conserve un plus grand nombre. Mais les pays qui vivent sous la loi de l'indissolubilité du mariage ont une population plus nombreuse et plus mâle que ceux où la pratique du divorce est habituelle; car, il y a chez les premiers, plus de mœurs, plus d'esprit de famille, plus de vertus domestiques, et par conséquent, plus d'unions fécondes, plus d'enfans qui s'élèvent et qui assurent la perpétuité et la force de la république : chez les seconds, tout au contraire, les mœurs sont dépravées; l'union conjugale n'est qu'un concubinage; les époux toujours prêts à la dissoudre, toujours entrevoyant l'époque où ils en contracteront une nouvelle, ne sont pas empressés de procréer des enfans qui leur seront à charge, lorsqu'ils se diront un adieu éternel, et formeront d'autres alliances et d'autres familles. De là, cette stérilité factice, ou ces bornes mises à la fécondité naturelle de l'épouse; dont les exemples se multiplient, même dans les dernières classes du peuple, et jusqu'au fond des campagnes.

SECTION ONZIEME.

Réponse à l'objection tirée du scandale que donnoient autrefois les séparations prononcées par la justice.

OBJECTION.

« QUEL est donc l'effet de cette conservation » apparente du lien conjugal? Pourquoi retenir » encore le nom, lorsqu'il est évident que la

» chose n'existe plus ? Pourquoi laisser subsister
» entre les époux une communauté de nom, qui
» fait encore rejaillir sur l'un, le déshonneur dont
» l'autre a pu se couvrir ? Nous n'avons que trop
» vu les conséquences de cet état, et le passé
» nous annonce ce que nous devrions en attendre
» pour l'avenir. »

(M. Treilhard. *Discours au Corps-Législatif,
en faveur du Divorce.*)

RÉPONSE.

Le scandale que donnent trop souvent les
époux devenus célibataires, a pris naissance sous
le toit domestique, où ses effets étoient bien plus
funestes encore ; le ferez-vous donc disparoître,
en le rendant irréparable ? Le mari, dont la
femme est convaincue d'adultère, et qui doute,
lorsqu'il embrasse ses enfans, *s'il ne prodigue pas
sa tendresse à l'enfant d'un autre, au ravisseur
de la fortune de ses propres enfans,* est-il moins
déshonoré que cette femme qui, pour prix de
la violation de ses devoirs, acquiert, par le
divorce, le droit de porter le trouble dans une
nouvelle famille ? Peut-il changer ce nom flétri
par les débordemens de l'épouse qu'il vient de
répudier ? peut-il en dépouiller ses enfans, dont
il a tout lieu de soupçonner qu'il n'est pas le
père ?

Au reste, la femme infidèle, après avoir subi
la peine de la réclusion, ne sera plus libre de
jouer dans le monde un rôle équivoque, et d'in-

sulter aux bonnes mœurs par l'éclat de ses désordres ; soumise, dans une maison de retraite, à une vie douce, mais sédentaire, elle cessera forcément, d'appeler le déshonneur sur la tête de son mari, et d'être un objet de scandale pour les jeunes épouses.

La femme, que la mort civile de son mari n'autorise qu'à demander une simple séparation, continuera, il faut en convenir, de porter un nom déclaré infâme ; mais tandis que le mari coupable expiera son crime dans un lieu écarté, on respectera l'infortune de sa femme innocente et vertueuse ; on s'apitoiera sur son sort, on usera envers elle de ménagemens qui lui retraceront, le moins possible, de douloureux souvenirs.

Que feroit de plus pour elle le divorce ? Il ne pourroit pas ôter le nom de son premier mari à ses enfans encore en bas âge, dont il est le père, et qu'elle ne sauroit abandonner.

Après tout, cette communauté de nom, qui la fait rougir, est la conséquence nécessaire des nœuds indissolubles qu'elle a contractés trop légèrement avec un homme qu'elle auroit dû mieux connoître avant que le mariage les identifiât ensemble.

SECTION DOUZIÈME.

Réponse à l'objection tirée de l'impossibilité morale de réunir les époux séparés par les tribunaux.

———

OBJECTION.

« Il n'y a qu'une seule considération en faveur
» de la simple séparation de corps ; on la tire
» de la possibilité d'une réunion. Mais, je le de-
» mande, combien de séparations a vues le siècle
» dernier, et combien peu de rapprochemens ?
» Comment pourroient-ils s'effectuer ces rappro-
» chemens ? La demande en séparation suppose
» déjà des esprits extraordinairement ulcérés ;
» la discussion augmente encore la malignité du
» poison : le réglement des intérêts pécuniaires,
» après la séparation, lui fournit un nouvel
» aliment. » (M. Treilhard, *Discours au Corps-Législatif en faveur du Divorce.*)

REPONSE.

Les époux séparés peuvent se réunir ; s'ils ne le font pas, ce n'est pas la faute de la loi, qui leur en laisse toujours les moyens et l'espoir. Ceux dont le divorce brise les chaînes, sont dans l'impuissance de se rapprocher ; c'est le tort de la loi même, qui les condamne à une séparation éternelle. Vous dites qu'autrefois la réunion des époux séparés par les tribunaux étoit une espèce de phénomène ; est-il bien vrai qu'elle fût aussi rare que vous le prétendez, sans aucune preuve ? La nouvelle de la séparation prononcée entre des personnes qui tiennent un certain rang dans le monde est parvenue à vos oreilles, parce qu'elle a été la suite d'un grand scandale, et le résultat de plaidoiries solennelles. Leur rapprochement, qui n'a été qu'un retour à l'ordre naturel, s'est opéré sans bruit, sans secousses, sans l'intervention de la justice. Devez-vous être surpris que vous n'ayez pas connu cette réconciliation, que le temps, de sages réflexions, le repentir et le besoin de pardonner ont produite, et dont les progrès ont été presqu'insensibles ?

Au reste, lorsque la femme séparée sera soumise à l'impérieuse nécessité de vivre solitaire et loin de ses enfans, dans une maison de retraite ou celle de ses parens, déjà vieux, l'indépendance n'aura plus pour elle tant de charmes.

Le mari, aux regards duquel la séparation toute seule eût été moins une peine que l'affranchissement d'un joug incommode, craindra de l'encourir, si elle doit entraîner la perte des emplois supérieurs et des magistratures dont il est revêtu.

Quand les époux séparés verront leurs enfans passer sous la puissance d'un tuteur spécial, préposé à la garde de leur personne et de leur fortune, et cumuler la nue propriété et l'usufruit du tiers de tous les biens qu'ils possèdent, le désir d'avoir auprès d'eux des enfans qui font leur bonheur, le regret de voir échapper de leurs mains l'autorité paternelle, l'intérêt de recouvrer la jouissance d'une portion importante de leur revenu, les détermineront à des sacrifices mutuels et à l'oubli de leurs torts réciproques. Et c'est ainsi que non-seulement les séparations seront moins fréquentes, mais qu'elles seront presque toujours suivies d'un rapprochement durable.

SECTION TREIZIÈME.

Réponse à l'objection tirée de l'injustice qu'il y auroit à traiter l'époux innocent avec la même sévérité que l'époux coupable.

OBJECTION.

« Le coupable seul doit être puni. Dans votre
» système, l'innocent et le coupable se trouvent
» confondus ; la femme fidèle et malheureuse est
» jetée, tout comme la femme adultère, dans une
» maison de retraite, séjour triste et ennuyeux,
» dont la mort seule pourra la délivrer. Il est
» impossible que le législateur sanctionne une
» injustice aussi révoltante. »

REPONSE.

La séparation, vous le dites vous-mêmes, est toujours un scandale. La loi présume que le mari, dans l'intérêt duquel elle est prononcée par les tribunaux, auroit pu la prévenir, s'il eût été plus circonspect ou plus ferme. Il a peut-être épuisé, pour maintenir ou ramener sa femme dans le sentier de la vertu, tous les moyens qui étoient en son pouvoir. Mais la présomption de la loi, qui ne peut entrer dans les détails chatouilleux de la conduite de chaque mari, lui est contraire; et dès lors elle peut, dans l'intérêt de la société, et pour l'exemple, exclure les maris séparés dans leur intérêt personnel, des magistratures et des emplois qui exigent une fermeté inaltérable, une prudence parfaite, une réputation vierge et sans taches. Si la femme n'avoit pas eu autant de goût pour la dépense, si elle eût été moins coquette, moins jalouse, plus attentive, plus indulgente, son mari auroit eu en elle plus de confiance; il auroit été honteux de ses écarts; il n'eût pas osé maltraiter celle pour laquelle il auroit été pénétré d'une vénération profonde. Au surplus, une épouse vertueuse aime encore les liens qui l'attachent à un mari coupable; elle est insensible à toutes les distractions qu'on peut lui offrir; elle gémit, dans la solitude, sur les égaremens du mari dont elle est séparée, et qu'elle s'estimeroit heureuse de pouvoir absoudre.

Une maison de retraite, éminemment propre aux idées mélancoliques, est donc le seul asile qui puisse convenir à la femme honnête obligée d'avoir recours à la séparation, lorsque ses père et mère n'offrent point à la justice de lui en donner un auprès d'eux, et de veiller sur elle.

SECTION QUATORZIÈME.

Réponse à l'objection tirée de ce que les torts privés ne doivent pas nuire à l'homme public, dont les services sont utiles à l'Etat.

———

OBJECTION.

Les annales des nations fournissent la preuve que beaucoup d'administrateurs intègres et de magistrats estimables ont eu des mœurs dissolues, et ont été d'assez mauvais maris. Falloit-il, pour cela, les exclure des fonctions plus ou moins relevées, qu'ils remplissoient à la satisfaction générale ? Non, sans doute, puisque leurs torts, comme chefs de famille, ne diminuoient ni l'éclat ni l'importance des services qu'ils rendoient tous les jours à l'Etat et au prince. Les mêmes raisons s'opposent encore aujourd'hui à ce que la loi dépouille impitoyablement des places qu'il occupe, l'homme qui acquitte en tout point sa dette envers le public, et contre lequel il ne s'élève des plaintes que de la part de sa femme et pour sa conduite privée.

REPONSE.

Les bonnes mœurs et la vertu consolident les empires; les qualités brillantes et les talens leur ont été plus d'une fois funestes. Il est rare que les chefs des factions soient des hommes ordinaires. Dans un Etat bien constitué, il importe pardessus

tout que les fonctions publiques soient remplies
par des personnes qui connoissent, aiment et
pratiquent tous leurs devoirs ; qui ne soient pas
travaillées sans cesse du désir d'innover pour
faire un peu plus de bruit, et qui donnent aux
peuples l'exemple de toutes les vertus. Est-il sage
d'appeler au gouvernail du vaisseau, pour le
conduire à travers les écueils et les dangers, au
fort de la tempête, le pilote qui, par ses mauvaises manœuvres, a laissé chavirer sa propre
barque, et a été contraint de se réfugier dans le
port de la séparation, pour se mettre à l'abri des
orages domestiques (1) ?

C'est surtout lorsque le mari a provoqué la
séparation par ses outrages et ses sévices, qu'il

---

(1) Comment peut-on louer cet homme qui est en possession
du commandement? Comment peut-on même le traiter de com-
mandant, ni le juger digne de ce nom-là? Car comment peut-il
commander à des hommes, et à des hommes libres, lui qui ne
sait pas commander à ses passions? Qu'il commence par les réprimer, qu'il méprise la volupté, qu'il étouffe la colère, qu'il se
mette au-dessus de l'avarice, qu'il purge son âme de tous les
autres vices qui l'infectent, et qu'il compte qu'il ne sera en état
de commander aux autres, qu'après qu'il aura secoué le joug infâme des maîtres impérieux qui le dominent; tant qu'il leur obéira
bien loin qu'on puise le regarder comme le maître des autres, il
ne doit être regardé que comme un esclave.

*Laudetur vero hic imperator aut etiam appelletur aut hoc nomine
dignus putetur. Quomodo, aut cui tandem hic libero imperabit, qui non
potest cupiditatibus suis imperare? Refrenet primùm libidines, sper-
nat voluptates iracundiam teneat, cœteras animi labes repellat: tum
incipiat aliis imperare cùm ipse improbissimis dominis, dedecori et
turpitudini parere desierit. Dum quidem his obediet, non modò imperator, sed liber omninò habendus non est.*

CICÉRON, *Paradoxe V*, chap. Ier.

seroit imprudent de lui confier des emplois dans l'administration ou dans la magistrature. Sera-t-il toujours animé par l'esprit de justice, celui qui s'est montré injuste envers la moitié de lui-même ? Sera-t-il plein de zèle pour défendre la veuve et l'orphelin contre ceux qui les oppriment, celui qui n'a pas eu honte d'opprimer une femme foible, dont les grâces et la vertu devoient au moins le désarmer? Aura-t-il l'énergie nécessaire pour contenir les passions des autres, celui qui n'a pas su calmer l'effervescence des siennes, et qui, au lieu de leur opposer une digue puissante, leur a livré tous les passages de son esprit et de son cœur ? Pourra-t-il, sans baisser les yeux, reprocher à une jeunesse licencieuse les écarts qui la compromettent, celui dont les mauvaises mœurs sont notoires ? Les paroles de paix et de conciliation, adressées aux époux aigris l'un contre l'autre, n'expireront-elles pas sur les lèvres de celui qui a contraint une épouse vertueuse à chercher au loin un asile contre ses excès et ses outrages ?

« Rappelez-vous (c'est Cicéron qui parle) la
» mémoire des temps passés, et vous verrez que
» ce qu'ont été les grands, le reste des citoyens
» l'a toujours été. Quelque changement qu'il y
» ait eu dans les mœurs des grands, le peuple
» s'y est conformé; et cette observation est bien
» plus certaine que celle de Platon, qui prétend
» qu'un nouveau genre de musique est capable
» d'altérer les mœurs. Pour moi, je crois que

» cela est attaché à la manière dont vivent les
» grands : ainsi les grands qui vivent mal, sont
» doublement pernicieux à l'Etat ; car non-seu-
» lement ils ont des vices, mais ils les commu-
» niquent ; non-seulement ils sont corrompus,
» mais ils corrompent ; et l'exemple qu'ils
» donnent est pire que le mal qu'ils commet-
» tent (1). »

« Les mœurs des personnes que leur rang ;
» leur naissance, leurs emplois mettent en evi-
» dence, forment bientôt les mœurs publiques.
» La foule n'a pas d'autres lois que les exemples
» de ceux qui commandent ; leur vie se repro-
» duit, pour ainsi dire, dans le public ; et si
» leurs vices trouvent des censeurs, c'est en gé-
» néral parmi ceux qui les imitent (2). »

« La montre en public de leurs vices, dit
» Montaigne, blesse plus que le vice même ; ils
» sont contrôlés jusqu'à leur contenance et leur
» pensée ; tout le peuple estimant avoir droit et
» intérêt d'en juger. Outre ce que les taches

_____

(1) *Nam licet videre, si velis replicare memoriam temporum,* *qualescunque summi civitatis viri fuerint, talem civitatem fuisse:* *quæcumque mutatio morum in principes extiterit, eamdem in populo* *secuam. Idque haud paulò est verius, quàm quod Platoni nostro* *placet, qui musicorum cantibus ait mutatis, mutari civitatum sta-* *tus. Ego autem nobilium vitâ victuque mutato, mores mutari civita-* *tum puto. Quo perniciosiùs de republicâ merentur vitiosi principes,* *quòd non solùm vitia concipiunt ipsi, sed ea* infundunt in civita-*tem : neque solùm obsunt, quòd ipsi corrumpuntur, sed etiam quòd* *corrumpunt, plùsque exemplo, quàm peccato nocent.*
CICÉRON, *de Legibus*, chap. III, 18.

(2) MASSILLON, *Petit Carême*, Sermon de la Purification.

» s'agrandissent, selon l'éminence et clarté du
» lieu où elles sont assises, et qu'un sein et une
» verrue au front, paroissent plus que ne fait
» ailleurs une balafre (1). »

Plus leurs vices sont remarqués et leurs
exemples contagieux, moins les lois peuvent
être indulgentes pour les excès auxquels ils se
livrent et les scandales qu'ils donnent. Sans une
sévérité salutaire à leur égard, en vain tenteront-
elles d'arrêter le torrent de la corruption des
mœurs, et de maintenir la paix et l'harmonie
dans les familles.

SECTION QUINZIÈME.

Réponse à l'objection tirée de ce que les abus du Divorce ont été
réprimés par la loi actuellement en vigueur.

OBJECTION.

LE divorce est un remède qui coûte trop à
ceux qui l'achètent, pour qu'on ait désormais
la fantaisie d'y recourir sans en avoir un besoin
extrême; d'ailleurs, le divorce par consentement mutuel, est environné de formalités et de
sacrifices tels, qu'il sera toujours extrêmement
rare. Quant au divorce pour cause déterminée,
la loi n'admet plus que des causes très-graves,
et son vœu est que les tribunaux exigent des
preuves évidentes.

---

(1) *Essai de Montaigne*, tom. 1, liv. I, pag. 375.

REPONSE.

Les passions ne calculent pas les sacrifices ; elles n'en regrettent aucuns lorsqu'elles ont l'espoir certain d'être bientôt satisfaites. La femme dominée par un fol amour, et à laquelle le divorce présentera la perspective d'une indépendance plus ou moins prochaine, saura souffrir et attendre jusqu'à ce que le moment d'en goûter les charmes soit arrivé.

Quant aux causes précises imaginées pour rendre le divorce plus rare, elles ne font « qu'in» diquer aux passions des moyens infaillibles » d'arriver à leur but : ce sont des jalons sur » une route (1). »

Si la dissolution du lien conjugal est permise, pour outrages ou sévices, la femme qui voudra divorcer affectera d'exaspérer son mari par sa hauteur, ses dédains, la légèreté de sa conduite, ses dépenses excessives, ses reproches pleins d'amertume; elle saura bien l'entraîner à des injures ou à des sévices, que des témoins complaisans auront l'art de grossir et d'envenimer.

Si elle doit être prononcée lorsque la concubine du mari habite sous le même toit que la femme légitime, le mari qui préfère une autre femme à la sienne, introduira sous le toit domestique une vile créature avec laquelle il aura momentanément et sans mystère un commerce

---

(1) M. de Bonald, *du Divorce au XIX° siècle*, p. 286.

illicite pour amener un divorce au moyen duquel il sera débarrassé de sa femme et libre
d'épouser sa véritable concubine.

SECTION SEIZIÈME.

Réponse à l'objection tirée de ce que le Divorce est moins contraire que la séparation au véritable intérêt des enfans.

OBJECTION.

« L'intérêt bien entendu des enfans est de
» voir les auteurs de leurs jours, heureux, dignes
» d'estime et de respect, et non pas de les
» trouver isolés, tristes, éprouvant un vide in-
» supportable, ou comblant ce vide par des
» jouissances qui ne sont jamais sans amertume,
» parce qu'elles ne sont jamais sans remords. Le
» divorce qui laisse aux époux la possibilité de
» contracter des nœuds légitimes, est donc pré-
» férable, pour les enfans, à la simple sépa-
» ration. »
(M. Treilhard, *Discours en faveur du
Divorce.*)

REPONSE.

Chez tous les peuples, une opinion universelle, fruit de l'expérience des siècles, a signalé
les secondes noces comme peu favorables aux
enfans des premiers mariages; elles sont presque
toujours un malheur pour eux, alors même que

le cœur de leur mère, plein des tendres souvenirs du passé, s'ouvre avec peine à une affection nouvelle. Quel est donc leur triste sort, lorsque leur mère maudit sa première union, lorsqu'elle a voué une haine éternelle à leur père encore vivant, lorsqu'elle a donné sa main à un étranger dont elle est l'esclave, et qui les abhorre, lorsqu'elle a, du second lit, d'autres enfans, images de cet homme qui, certain de son empire, ne craint pas d'abuser de l'autorité maritale, et de maltraiter en sa présence les infortunés qu'elle a mis les premiers au monde? Seront-ils heureux, lorsque leur père, séparé de leur mère par le divorce, et attaché, par un mariage, prétendu légitime, à une seconde femme qui est déjà mère, ne verra plus en eux que les fruits embarrassans d'une première union qu'il déteste, et que, confidente de ses soupçons, une perfide marâtre se plaira à les accroître et à lui insinuer que ces infortunés qu'il aime encore doivent la naissance à un coupable adultère?

Vous dites que des nœuds légitimes inspireront pour les époux divorcés un respect qu'ils sembloient ne plus avoir droit d'attendre; depuis quand un nouveau scandale a-t-il été un titre à la considération publique?

Vous dites que l'affection des pères se soutiendra davantage, à l'égard de leurs enfans, dans la sainteté d'une union légitime, lorsqu'ils pourront prétendre aux honneurs du mariage. Quel est donc cet abus des termes consacrés pour exprimer la pureté, la dignité du mariage, tel que la religion catholique le représente, tel qu'il a été institué par Dieu lui-même, dès l'origine du Monde ?

Que signifient ces mots d'union sainte, d'honneur du mariage, lorsqu'il s'agit des liens profanes et honteux que des époux, indignes de ce nom, viennent contracter après le divorce, qui a rompu des liens indissolubles ?

Au reste, qui vous assure que l'insociabilité de ces époux n'est point absolue, et qu'elle n'est que relative ; que cette femme, accoutumée à en aimer d'autres que son mari, sera désormais un modèle de fidélité conjugale ; que cet homme, qui a contracté l'habitude de la débauche, qui, pour la rendre plus piquante, a introduit les compagnes de ses infâmes plaisirs dans le lit de l'épouse légitime, concentrera toutes ses affections sur sa nouvelle épouse, qui n'est au fait qu'une concubine, et qui peut-être a été la première cause de ses écarts et de ses désordres ?

Et si les mêmes tempêtes qui ont éclaté sur les premiers mariages, désolent les seconds, et déterminent les époux à les faire dissoudre, pour chercher le bonheur qui les fuit, dans des alliances nouvelles, grand Dieu ! que deviendront ces enfans, prémices de l'amour conjugal, dont la vue ne peut rappeler à leurs parens que de sombres idées, et qui trouveront des ennemis cruels dans leurs frères, issus des unions subséquentes ?

SECTION DIX-SEPTIEME.

Réponse à l'objection tirée de ce que la défense irrite les désirs, et de ce que les époux ne songent à rompre leurs liens que lorsqu'ils sont éternels.

———

OBJECTION.

« Le désir naît de la défense. Un moyen sûr de
» rendre une chose indifférente au cœur humain,
» c'est de la lui permettre. Ce proverbe célèbre,
» dont l'équivalent a passé dans toutes les langues,
» *in vetitum ruimus*, et son contraire, sont deux
» vérités frappantes qui ne sont que trop démon-
» trées par une expérience journalière....... Les
» hommes sont des malades sur qui la facilité de
» se procurer le remède produit plus d'effet que
» son application. Il suffit de savoir où on pourra
» le prendre, pour n'en jamais sentir le besoin....
» Cette inconséquence est dans la nature, et les
» anciens en retiroient un avantage. L'union de-
» venoit plus solide par le pouvoir de la rompre.
» L'amour conjugal, quelquefois ébranlé par les
» petits mécontentemens domestiques, reprenoit
» bientôt le dessus. La réconciliation se faisoit
» promptement, parce qu'un intérêt commun,
» soutenu d'une parfaite indépendance, en étoit
» le médiateur. Chez les peuples qui admettent le
» divorce, on ne voit pas devant soi une carrière
» immense à parcourir, sans pouvoir attendre

13.

» d'autres secours que la mort ; si, par aveugle-
» ment ou par malheur, on avoit choisi une mau-
» vaise compagnie, on hasarde, avec moins
» d'inquiétude à y entrer, à y marcher d'un pas
» plus ferme, parce qu'on sait qu'on sera tou-
» jours le maître de se reposer, lorsqu'on se sen-
» tira fatigué, ou du chemin, ou de la com-
» pagnie. »

(Linguet, *Théorie des Lois civiles*, tit. 1,
liv. 3, chap. 19.)

RÉPONSE.

Sans doute l'expérience démontre qu'une pente
naturelle entraîne l'homme au mal depuis sa dégradation, qu'il ne suffit pas toujours de lui
défendre le mal pour l'en garantir, et qu'il con-
voite avec plus d'ardeur le fruit défendu, surtout après en avoir goûté.

Mais suit-il de là que la religion et la morale
doivent se taire, et qu'il soit convenable de
lâcher la bride aux passions frémissantes, sous
prétexte que la défense irrite les désirs ? S'en suit-
il que les lois civiles aient eu tort d'élever, sur la
la route de l'homme, deux murs d'airain entre
lesquels il soit obligé de marcher droit devant
lui, et d'éviter les précipices où il est tenté de se
jeter, pour y cueillir quelques fleurs éphémères
dont l'éclat le séduit, parce qu'il murmure de ces
entraves, et accuse la main paternelle qui le protège contre les dangers qui l'environnent ? Ou-
vrons le livre de l'histoire ; parcourons les monu-

mens de la révolution qui vient de finir, et voyons s'il est bien vrai que dans les pays parve-nus à un haut degré de civilisation, où les lois et les coutumes laissent aux femmes une grande liberté, et où la durée des mariages dépend du caprice des époux, les mœurs sont pures, les unions tranquilles et heureuses, les divorces rares, parce qu'ils sont toujours possibles.

« En Perse et en Turquie, où la clôture des
» femmes est fort exacte, les mœurs sont admi-
» rables; dans les provinces de l'Inde, où elles
» jouissent d'une liberté sans bornes, la corrup-
» tion des mœurs est effrayante (1). »

En France, lorsque les femmes étoient sou-mises à l'autorité maritale, et moins libres dans le choix de leurs rapports et de leurs plaisirs, celles des classes intermédiaires de la société étoient presque toutes des modèles de fidélité conjugale. Depuis qu'une excessive liberté, dont l'abus est si facile, les expose à être les victimes de leur faiblesse et de leur inconstance, le plus grand nombre n'a pas la force de résister aux en-chantemens de la volupté, et se laisse aller au torrent qui l'emporte hors de la ligne de ses devoirs.

Quand le mariage étoit indissoluble, l'impos-sibilité absolue d'en briser les chaînes pouvoit bien quelquefois cabrer des esprits impatiens du joug, et trop fiers pour user d'égards et de con-

_____

(1) M. de Montesquieu, *Esprit des Lois*, chap. 11, Liv. 16.

descendance ; mais la grande masse des époux dans l'intérêt de laquelle les lois sont faites, sentoit la nécessité de calmer ses passions, de s'honorer et de se respecter mutuellement, d'adoucir les nuances trop tranchantes qui empêchoient la fusion des humeurs et des caractères, et de faire gaiement ensemble le voyage de la vie, où ils étoient compagnons inséparables. Cet heureux effet de l'indissolubilité du mariage étoittel, que la séparation n'étoit en usage, malgré ses abus, que dans les grandes villes, et chez les personnes considérables par leur rang et leur fortune.

Quand il fut permis de dissoudre le mariage, les passions en triomphèrent, et leurs déplorables victimes se précipitèrent en foule vers la porte qui leur étoit ouverte, pour sortir de ce qu'elles appeloient leur esclavage. M. de Bonald assure qu'en 1793, le nombre des divorces s'éleva au tiers des mariages dans la capitale du royaume. Cette épidémie a gagné dans les provinces, et nos yeux voient encore, tous les jours, les tribunaux rompre, au nom de la loi, des liens qui avoient été, jusqu'à ces derniers temps, sacrés pour les époux, et qui eussent été pour eux la source d'un bonheur durable, s'ils eussent été indissolubles.

Tel régiment, soumis à une discipline exacte, se fait admirer par sa belle tenue, et l'ordre parfait qu'il observe dans les lieux où il est stationnaire. Si tout à coup les chefs s'absentent, si les soldats ont seulement, pendant quelques semaines, et même quelques jours, une liberté entière et sans réserve, bientôt les villes où ce régiment sera en quartier seront pleines de tumulte; bientôt une soldatesque, échauffée par la débauche, ne connoîtra plus de frein, et l'on verra se succéder rapidement, comme en 1790 et 1791, les attentats les plus criminels de la part d'une réunion d'hommes, dont la conduite présente mérite tant d'éloges.

On dit que presque tous les voleurs ont, dès l'enfance, une inclination prononcée pour le vol; les lois pénales irritent l'inclination qui les porte à le commettre : faut-il pour cela abroger les lois qui contiennent ces misérables, toujours prêts à dérober le bien d'autrui?

Les individus condamnés à la réclusion s'irritent aussi des grilles et des hautes murailles qui empêchent qu'ils ne s'évadent. A force de patience et d'adresse, ils parviennent quelquefois à tromper la vigilance des geôliers, et à se lancer de nouveau dans la société, dont leur apparition renouvelle les alarmes. Croyez-vous qu'ils seront moins tentés de s'enfuir, lorsqu'il n'y aura plus de verroux ni de barrières qui s'y opposent?

Il en est de même des époux, attachés l'un à l'autre par les chaînes du mariage. Si parce que quelques-uns font effort pour les briser, et s'y agitent avec violence, vous leur donnez à tous le droit de s'en affranchir, ils profiteront, soyez-en sûr, de votre imprudence. Ils se sépareront avec scandale ; ils iront chercher d'autres chaînes, qui leur paroîtront moins pesantes ; ils les trouveront encore plus lourdes que les premières, et s'ils peuvent s'en débarrasser, ils feront un troisième, un quatrième essai. Ce n'est point là une exagération : il seroit facile de citer pour exemple des hommes qui ont fait, en un certain temps, beaucoup de bruit dans la capitale, et qui sont à leur troisième mariage, après deux divorces ; et des femmes bien connues, qui comptent trois maris vivans, et sur les lèvres desquelles se rencontrent encore les mots de vertu et d'honneur.

SECTION DIX-HUITIÈME.

Réponse à l'objection tirée de ce que les lois doivent suivre les mœurs, et ne peuvent pas être sévères, lorsque les mœurs sont corrompues.

OBJECTION.

Quid leges sine moribus vanæ proficient ? a dit un poëte célèbre. Si les mœurs sont pures, vous pouvez rendre des lois sévères ; mais si les mœurs sont corrompues, ce ne sera pas par des lois parfaites que vous parviendrez à les améliorer. Les peuples qui ont de mauvaises mœurs ne sont pas capables de supporter des lois d'une bonté absolue ; il leur faut des lois accommodées à leur foiblesse, des lois qui n'exigent pas d'eux des sacrifices au-dessus de leurs forces, des lois à l'exécution desquelles les tribunaux puissent veiller d'une manière efficace : c'est ainsi que dans un siècle où la corruption des mœurs est à son comble, la loi du divorce qui peut être en elle-même fort défectueuse, est la meilleure possible pour remédier aux unions mal assorties, mettre un terme au scandale qu'elles occasionnent, et maintenir l'ordre et la paix dans les familles.

RÉPONSE.

Sénèque le philosophe regarde comme une maxime certaine et invariable, que les mauvaises lois produisent toujours les mauvaises mœurs. *Malis moribus uti videbis civitates usas malis legibus* (1). Les bonnes lois doivent avoir un effet tout contraire; dès lors plus un peuple est corrompu, moins ses lois doivent être imparfaites, plus elles doivent être austères et propres à le régénérer. « C'est mal connoître » l'homme que de craindre de lui imposer des » lois trop rigides; cette contrainte le gêne à la » fois et le flatte (2). En morale, nous aimons » tout ce qui porte un caractère de sévérité : » ainsi le célibat a été plus agréable aux peuples, » auxquels il convenoit le moins, et pour » lesquels il pouvoit avoir de plus fâcheuses » suites (3). »

---

(1) Sénèque, *de Senectute*, epist. 94.
(2) M. Carion de Nisas, *Disc. au Tribunat, contre le Divorce.*
(3) M. de Montesquieu, *Esprit des Lois*, tom. 3, liv. XXV, chap. 4.

Ainsi les lois ne furent nulle part si impé-
rieuses et si bien observées, les magistrats moins
indulgens et plus environnés de respect qu'à
Lacédémone (1).

« Ainsi, les moines dont la règle est la plus
» pénible, la plus contraire au penchant de la
» nature, sont les plus attachés à leur ordre et
» à leur pratique (2).

» Ainsi nous avons vu ceux dont les chaînes
» paroissoient effrayantes, insupportables, y
» rester liés avec amour, et les traîner dans toute
» l'Europe, tandis que ceux qui portoient un
» joug plus léger, se sont empressés de le
» briser (3). »

Les lois foibles, et entre autres celle du divorce, peuvent être sans inconvénient chez des
peuples qui se forment, dont les lumières sont
très-bornées, et où commence à peine l'aurore
de la civilisation.

« La rareté du divorce est à leur égard l'effet
» de la simplicité des mœurs, comme la rareté
» de la maladie est un signe de bonne santé ;
» elle n'en est pas la cause. Croire ramener un
» peuple avancé à des mœurs simples, avec des
» complaisances qui ne conviennent qu'à un
» peuple naissant, c'est vouloir ramener un

---

(1) M. l'abbé Barthélemy, *Voyage du jeune Anacharsis en
Grèce*, chap. 43.

(2) M. de Montesquieu, *Esprit des Lois*, Liv. V, chap. 2.

(3) M. Carion de Nisas, *Disc. au Tribunat, contre le Divorce.*

» homme fait à l'état d'enfance, en le mettant
» au berceau (1).

» Sur la fin d'une nation, c'est avec des lois
» fortes qu'on fait de bonnes mœurs; comme
» dans ses commencemens, c'est avec de bonnes
» mœurs qu'on fait des lois fortes (2). »

C'est qu'alors le sens moral est exquis, c'est
que malgré sa corruption, le peuple est éclairé
sur les véritables élémens du bonheur général
et domestique; c'est qu'il est pénétré de l'ordre
véritable, qui est ce qu'il y a de plus conforme
à notre raison, et qui est la loi naturelle de
l'univers. Cela est vrai, surtout des nations chez
lesquelles luit encore le flambeau de la religion
chrétienne, et de notre France, où l'opinion
publique, d'ailleurs si maligne à l'égard des
maris trompés, repousse même au théâtre, tous
les principes favorables à la licence des mœurs,
et tout ce qui en porte l'empreinte.

« Qu'on laisse dire les hommes foibles; jamais
» pour promulguer des lois sévères, le gouver-
» nement ne trouva plus d'appui dans la force
» de notre raison, ni plus de motifs dans la foi-
» blesse de nos mœurs (3).

» On s'effraie outre mesure, de la contrainte
» où vivent les époux unis par des liens indisso-
» lubles; l'expérience, dit *Charon*, montre que

---

(1) M. de Bonald, *du Divorce au XIX⁰ siècle*, pag. 287.
(2) M. de Bonald, *Législation primitive*, tom. 2, première note
sur le chap. 7.
(3) M. de Bonald, *du Divorce au XIX⁰ siecle*, pag. 288.

» la contrainte sert à l'amitié, surtout aux âmes
» simples et débonnaires qui s'accoutument faci-
» lement où elles se trouvent attachées. Quant
» aux débauches, elles viennent du déréglement
» des mœurs, que n'arrête aucune liberté (1).

   » En général l'homme supporte avec patience
» la condition à laquelle il se voit enchaîné sans
» ressources; il se fait les vertus nécessaires à
» sa situation; il évite, il fuit les réflexions qui
» peuvent aggraver ses maux sans y apporter
» aucun remède. Mais s'il voit les moyens de
» changer sa position, il s'agite jusqu'à ce qu'il
» ait réussi; l'état même où sans cela il auroit
» vécu tranquillement, lui paroît insuppor-
» table (2).

   » Prenez-y garde : si vous calquez les lois sur
» vos mœurs d'aujourd'hui, vous ferez des mœurs
» d'aujourd'hui les mœurs de toujours; ce qui
» n'est pas désirable.

   » Ce qu'on ôte en austérité aux lois, on le
» donne en force et en audace aux passions qui
» combattent les lois (3).

   » Il y a deux genres de corruption : l'une,
» lorsque le peuple n'observe plus les lois; l'autre,
» lorsqu'il est corrompu par les lois : mal incu-
» rable, parce qu'il est dans le remède même (4). »

<hr/>

(1) Charon, *Traité de la Sagesse*, liv. I, chap. 46.
(2) Les auteurs des *Pandectes français*, titre du *Divorce*, tom. 4, pag. 18.
(3) M Carion de Nisas, *Disc. au Tribunat, contre le Divorce.*
(4) M. de Montesquieu, *Esprit des Lois*, liv. VI, chap. 12.

Maintenant, cette double corruption existe en France ; les anciennes lois sur l'indissolubilité du mariage ont été réduites au silence ; et, pour complaire à un peuple corrompu, le législateur lui a donné la loi corruptrice du divorce ; la loi contraire, celle de l'indissolubilité du mariage peut seule contenir ce torrent de corruption auquel l'imprudence du législateur a ouvert tous les passages.

Après tout, la loi de l'indissolubilité du mariage n'est pas si dure que ses ennemis cherchent à l'insinuer ; nos pères ont vécu heureux sous cette loi pendant quatorze siècles. Nous-mêmes, malgré notre corruption déjà fort avancée, nous en supportions le joug sans murmures, lorsque les mandataires de la nation, qui n'en avoit pas émis le vœu, se sont avisés de la gratifier du divorce, source de désordre dans les familles, comme ils l'avoient gratifiée de la déclaration des droits de l'homme, source de désordre dans la république (1).

(1) Un seul cahier, celui d'un petit bailliage dont le duc D......
étoit député, avoit demandé le Divorce aux Etats Généraux de
1789.

SECTION DIX-NEUVIÈME.

Réponse à l'objection tirée de ce que la loi de l'indissolubilité du mariage est une loi barbare, dont le seul avantage est de multiplier les hommes pour les travaux, les contributions et la guerre.

OBJECTION.

J'AVOUERAI qu'en supposant les choix les plus réfléchis, sur cent unions indissolubles on doit en espérer une heureuse. Mais que deviendront les autres? Forcerez-vous à traîner ensemble leurs chaînes, pendant toute leur vie, des époux qui se détestent, dont les humeurs sont différentes, et auxquels chaque instant fournit un nouveau sujet de mésintelligence et de querelle? . . . .
Quand des liens inévitablement suspects et mauvais forment le seul moyen de bonheur domestique qui nous soit permis; quand on les rend indissolubles, c'est dire assez haut qu'on se joue de la destinée individuelle, que l'on compte l'homme pour rien, et que l'on ne voit dans les hommes mêmes que des unités numériques; qu'on multipliera pour les travaux et les contributions. . . . .
Les peuples alors font une réponse muette et désastreuse; ils renversent ces *institutions iniques par le sourire du dédain;* ils affectent de les suivre, et savent leur échapper. Bientôt tout

devient illégal et arbitraire, caché, perfide, iro-
nique. *Les mœurs sont perdues : que vous importe ? vous aurez des extraits baptistaires.*

(M. de Senancour : *De l'Amour considéré
dans ses lois réelles et dans les formes sociales de
l'Amour des deux sexes*, pag. 186 et 188. —
Année 1809.)

RÉPONSE.

Si les choix étoient tous réfléchis, et si les
passions et la cupidité y avoient moins d'influence, les unions seroient presque toutes heureuses; mais celles qui ne le sont pas, n'en doivent
pas moins demeurer indissolubles. Car la société
ne doit pas souffrir du malheur de quelques individus qui, avant de s'être liés par des chaînes éternelles, n'ont pas étudié leurs goûts, leurs habitudes, leurs caractères, et qui n'ont pas su acheter
la paix du ménage par des égards et des sacrifices réciproques. Ils veulent essayer d'un autre
mariage. Mais qui pourra leur garantir qu'ils y
trouveront le bonheur, après lequel ils ont vainement couru la première fois? S'ils se trompent
encore, il y aura de bon compte quatre personnes vouées à l'infortune; si ces quatre personnes se quittent après une courte épreuve pour
chercher autre part la félicité, dont elles pour-
suivent le fantôme, la progression d'un mal originairement concentré entre deux époux, deviendra effrayante. Les époux qui ne peuvent pas vivre
ensemble n'ont qu'un parti à prendre : c'est d'al-

léger leurs peines en se faisant des concessions mutuelles, et en ayant une grande indulgence pour les défauts l'un de l'autre. Si les excès et les désordres de l'un d'eux ont rendu à l'autre la vie commune vraiment insupportable, celui qui a de justes sujets de plainte a le droit de recourir à la séparation, qui lui procurera la paix et le repos, dont il a besoin par-dessus toutes choses.

Vous dites que les législateurs, en établissant l'indissolubilité du mariage, se sont joué de la destinée individuelle, et ont compté les hommes pour rien. Sans doute la destinée individuelle ne peut être indifférente au législateur; mais sa sollicitude paternelle embrasse tous les hommes dont le sort lui est confié; et dans le choc des intérêts contraires, il ne met pas en balance celui de quelques individus isolés avec celui des familles et de la société entière, qui s'oppose à ce que la loi permette, dans aucun cas, la pratique du divorce. L'indissolubilité du mariage une institution *inique !* Cette institution, que l'on reproche au christianisme, est aussi ancienne que le monde; elle est la loi primitive de l'homme; il l'a reçue de Dieu même, qui a formé et béni tout à la fois le premier mariage. Elle est *inique ?* Le seroit-elle donc à vos yeux précisément, parce qu'elle met un frein aux passions déréglées, parce qu'elle est la gardienne des mœurs, parce qu'elle prévient des troubles et des désordres effroyables ? Les peuples, ajoutez-vous, affectent de la suivre; mais ils savent lui échapper. Sans doute l'indissolubilité du mariage n'arrête pas entièrement

rête pas la licence. Mais que faut-il en conclure ?
Dans quelle tête bien organisée pourroit entrer
le projet d'abroger les lois pénales, parce que
leur sévérité n'empêche pas que chaque jour
quelques misérables commettent les crimes qu'elles
ont pour but d'empêcher ?

Les mœurs, suivant vous, sont *perdues* chez
les peuples courbés sous le poids du mariage indissoluble ; et où sont vos exemples à l'appui
d'une assertion aussi téméraire ? Les mœurs des
nations germaniques étoient excellentes, quoique
leurs mariages fussent indissolubles. Celles des
Romains se conservèrent pures pendant plusieurs siècles ; cependant le divorce étoit alors in-
connu parmi eux. Les époux étoient inséparables
au dix-septième siècle. Depuis vingt-cinq ans,
ils sont libres de briser leurs chaînes. Aurez-vous
le courage de soutenir que les mœurs de nos
jours sont préférables à celles de nos bons aïeux ?
Au reste, il est impossible de s'entendre sur l'article des mœurs avec un écrivain qui insulte à
la *pruderie nazaréenne* (1), qui révèle aux femmes
seules et *absolument négligées par leurs maris*
jusqu'à quel point elles peuvent, en toute conscience, boire dans la coupe des voluptés, et qui les
absout de toutes les atteintes qu'elles peuvent porter
à la fidélité conjugale, tant qu'elles n'ont pas
introduit un étranger dans la famille (2). Sur ce

---

(1) Pag. 185 de l'ouvrage cité dans l'objection.
(2) Pag. 146, 147 et 148 du même ouvrage.

pied-là, nos mœurs sont dignes d'éloge ; le divorce n'y gâte rien, et il y auroit un rigorisme barbare à nous replacer sous le joug incommode du mariage indissoluble.

SECTION VINGTIÈME.

Réponse à l'objection tirée de ce que, dans un siècle de lumières, l'indissolubilité du mariage en éloigne beaucoup de personnes, et inspire le goût du célibat.

OBJECTION.

LE but que l'on se proposa, en instituant le mariage indissoluble, fut de favoriser les progrès de la population ; mais ce but ne sera généralement atteint que dans les siècles grossiers. Plus tard, *les célibataires se multiplieront;* et parce que vous n'aurez pas établi un divorce prudemment contenu, mais légitime, vous verrez le mariage avili.

(M. de Senancour, *De l'Amour, considéré dans ses lois réelles et dans les formes sociales de l'amour des deux sexes*, pag. 188 et 189.)

RÉPONSE.

Dès époux inséparables doivent, en général, voir avec plaisir s'accroître leur famille, et ils peuvent donner à leurs enfans tous les soins physiques et moraux qui leur sont nécessaires, jusqu'à ce qu'ils soient en âge de former eux-mêmes des unions légitimes et indissolubles. Il ne faut

donc pas s'étonner si la population est, toutes
choses égales, d'ailleurs plus grande dans les
pays où les mariages ne peuvent être rompus
que par la mort de l'une des parties contractantes. M. de Senancour lui-même trouve l'indissolubilité du mariage si favorable à la population, que, dans la phrase précédente, il se plaint
avec amertume de ce que certains gouverne-
mens ne souffrent la dissolution d'aucuns mariages, parce que l'indissolubilité leur procure
beaucoup d'extraits baptistaires, et multiplie la
masse des contribuables. Tout-à-coup, il change
de système, et reproche au mariage indissoluble
cette nuée de célibataires qui existe en France,
depuis que les premières classes du peuple ne
sont plus enveloppées des ténèbres de l'ignorance.
N'est-ce pas plutôt le divorce qui éloigne du
mariage un si grand nombre de personnes? Il dé-
grade le mariage, il lui ôte ses garanties, ses
consolations, ses espérances; il empêche les époux
d'en remplir, dans toute son étendue, la cause
finale. Le mariage dissoluble ressemble aux liaisons illégitimes; comme elles, il est fragile, temporaire, toujours menacé par le caprice et par
l'inconstance: il n'est pas plus qu'elles exempt de
dépits, d'intrigues et d'alarmes; mais elles ont
sur lui un immense avantage : à chaque révolution, tout est nouveau en elles, les peines, les
plaisirs, les objets et leurs rapports; au contraire,
lorsque la scène change dans le mariage dissoluble, il reste, du premier lien, des liquidations

fort compliquées à faire ; il reste des enfans qui retracent de pénibles souvenirs, et dont la charge et la présence excitent la jalousie et les fureurs d'une implacable marâtre ; il reste des intérêts communs, des rapprochemens indispensables avec la personne et la famille d'un époux dont la vue, dont la pensée toute seule blesse et irrite ; et si la rupture d'un premier mariage est suivie de celle d'un second, qu'un troisième se réalise ; alors quelle inextricable complication d'intérêts ! quel affreux mélange d'enfans ennemis naturels, les uns des autres ! quel chaos que celui de ces familles aussitôt détruites que formées, qui se reprochent leurs chagrins et leurs malheurs, et dont le contact nécessaire réveille sans cesse la haine profonde et les scandaleuses querelles ! Ainsi le mariage de quelques jours, le mariage perpétuellement dissoluble, le mariage qui offre en perspective le divorce avec ses préliminaires et ses horribles conséquences, doit avoir bien peu d'attraits pour cette classe d'hommes qui ne se fait pas scrupule d'un commerce illégitime, et qui cherche en tout ce qui lui est le plus utile et le plus commode, sans s'inquiéter de ce qui est le plus honnête. Il sera plus difficile encore d'y engager les personnes circonspectes et timorées, parce qu'elles ne verront que les inconvéniens du divorce, dont elles peuvent être victimes, sans attacher aucun prix à ses prétendus avantages, dont leur conscience ne leur permettra jamais de profiter.

De là, cet éloignement pour le nœud conjugal, qui se fait remarquer jusque dans les rangs les plus obscurs de la société, et dont les effets eussent été bien plus sensibles, si la crainte de la conscription n'eût pas converti beaucoup de célibataires.

On m'opposera sans doute que je combats ici le divorce sans frein et sans bornes, tel qu'il fut décrété en 1792, et qu'on ne veut maintenir qu'un divorce *contenu dans des limites étroites*, et soumis à des épreuves sévères, et à des règles inflexibles.

Je répondrai, comme je l'ai déjà fait, que le divorce est un torrent dévastateur qu'il est impossible d'arrêter dès qu'on lui a ouvert le moindre passage, et que ce passage ne peut jamais être bien gardé, quelle que soit la vigilance de ceux qui en ont la garde; que si l'adultère est la seule cause légale de divorce, un adultère de convention couvrira le marché honteux par lequel un mari cédera, comme en Angleterre, sa femme à un autre, dont il prendra peut-être la femme en échange; que si les mauvais traitemens, les injures graves et les sévices peuvent y conduire, une femme éplorée viendra exposer à la justice l'histoire touchante des plus tristes aventures, et saura bien se faire appuyer par de prétendus témoins oculaires, tandis que tout ce manége n'aura pour but que de masquer un divorce par consentement mutuel entre deux époux qui n'ont aucuns griefs l'un contre l'autre, qui cèdent

à une vague inquiétude et au désir du changement, et qui se marieroient demain, s'ils ne
vivoient pas aujourd'hui ensemble.

Le législateur est le maître de supprimer le
divorce, dont la France s'est bien passée pendant quatorze siècles ; mais il ne l'est pas, s'il
conserve le divorce, d'en bannir les abus et les
faux prétextes qui en sont inséparables. Guérissez
le mal dès le principe : autrement, il est sans remède. Il n'est plus temps de songer à défendre
une place, où l'ennemi a déjà des intelligences.
Le divorce est semblable à ces roches suspendues
sur la pente rapide des hautes montagnes de la
Suisse et des Alpes : gare au chasseur téméraire
qui s'y arrête pour prendre haleine et goûter
quelque repos ; elles se détachent tout à coup de
la montagne, entraînent ce malheureux dans
leur chute, et roulent avec lui jusqu'au fond
de l'abîme.

CHAPITRE HUITIÈME.

Résumé et Conclusion générale.

———

LE mariage hors de la société est indissoluble, parce que c'est à cette condition que Dieu lui-même a donné la première femme au père commun des hommes.

Le mariage auquel la société intervient en la personne de son ministre, est indissoluble, parce qu'elle y stipule pour les enfans qui n'existent pas encore, et que les deux parties fortes de la famille ne peuvent pas briser le plus sacré des contrats, sans le concours de la partie foible qui en est le but et le lien, la charge et le bénéfice.

La nature et l'équité veulent que le mariage soit indissoluble, parce qu'en remettant la foi promise à l'épouse de sa jeunesse, le mari inconstant qui l'abandonne, ne sauroit lui rendre ses attraits et sa beauté dont il a eu les prémices.

Le mariage conditionnel n'est plus cette union mystérieuse formée sous les auspices de l'Etre Suprême, ce feu sacré et perpétuel que la mort seule des époux devoit éteindre, ce rempart de la foiblesse, ce bouclier de la pudeur, cette porte toujours ouverte au repentir et à l'indulgence; il devient une situation éphémère de la vie, une scène dans un drame en plusieurs actes, une liaison fugitive entre les sexes, un lien fragile que forme le caprice du moment, et qu'un autre ne tarde point à rompre.

Le divorce est l'auxiliaire des passions, l'aliment de leur effervescence, le moyen toujours nouveau de satisfaire leur soif toujours renaissante. Il organise la corruption des mœurs, et l'érige en système ; elle n'est plus une désobéissance aux lois, elle émane de la loi même.

Lorsqu'un peuple civilisé adopte le divorce en théorie, il ébranle les fondemens de la morale, il marche à grands pas vers la corruption. Lorsqu'il en contracte l'habitude, c'en est fait de ses mœurs, sa corruption est à son terme : il n'y a plus de familles, plus de liens communs ; l'égoïsme et l'anarchie dévorent tout ; il ne faut qu'une secousse un peu vive, une attaque faite avec quelque vigueur pour renverser l'édifice politique assis sur des fondemens aussi ruineux.

Si le divorce, qui introduit l'égalité et l'anarchie dans la famille, est maintenu dans un pays où l'opinion éloigne les femmes du soin du ménage, où elles sont libres dans le choix de leurs lectures, de leurs rapports et de leurs plaisirs, où les maris trompés sont en butte à la malignité publique, où une philosophie orgueilleuse prétend faire rétrograder une vieille nation qui a la science du bien et du mal vers l'état imparfait qui ne pouvoit convenir qu'à

son enfance, la corruption y sera plus dangereuse, plus profonde, y aura une malice, un
caractère systématique et anti-religieux, des
conséquences nécessaires et effrayantes qu'elle
n'avoit pas chez les anciens peuples, sectateurs
du polythéisme, qui n'admettoient que la répudiation, et laissoient ainsi le pouvoir dans les
mains du chef de la famille; qui tenoient les
femmes recluses, ne souffroient pas qu'elles s'é-
cartassent de la pudeur et de la modestie de leur
sexe, et en obtenoient presque toujours une
fidélité inviolable, dont les mauvaises mœurs
étoient presque sans danger pour la famille,
parce que les esclaves et les femmes publiques
étoient alors les seuls que l'homme associât à
ses débauches, qui n'avoient que des idées con-
fuses de l'Etre Suprême et de l'ordre essentiel
des sociétés humaines, et qui ne faisoient pas le
mal par système et par principes, mais par instinct et par ignorance.

Le divorce dessèche les cœurs, tue l'esprit
de famille, détruit dans son germe l'amour de
la patrie, diminue la population qu'il semble favoriser; il est une véritable polygamie; et, toutes
choses égales, les peuples polygames ont été les
plus foibles dans tous les climats et dans tous
les siècles.

Ceux chez lesquels le divorce est en usage,
sont inquiets, turbulens, toujours menacés d'une
révolution ou d'une conquête prochaine. C'est
donc une institution pernicieuse, contre laquelle

réclament perpétuellement la morale et la politique, dont la science consiste à rendre les peuples bons, unis, forts et heureux.

Dans un royaume voisin, où la religion catholique est à peine tolérée, mais où la loi civile est moins indulgente que la loi religieuse, le parlement seul a le droit de prononcer le divorce pour une cause unique, l'adultère; encore le parlement témoin des désordres et des scandales dont le divorce est la source féconde, est-il disposé à ne plus émettre de bill qui l'autorise.

L'adultère de la femme, les outrages et les sévices du mari, la mort civile de l'un ou de l'autre, sont les seules causes pour lesquelles la loi puisse accorder la séparation. Pour prévenir le retour des anciens abus, il faut que ce remède extrême soit administré avec une grande réserve, que le public n'ait aucune connoissance des débats, que les préliminaires soient tels qu'ils donnent souvent pour résultat la réconciliation des époux, et qu'il y ait un long intervalle entre la demande et le jugement qui la consacre. Mais il est plus essentiel encore que les époux, sevrés de la vie commune, soient soumis pour leur intérêt, et pour l'exemple, à un régime sévère. La femme coupable doit être recluse, la femme innocente trouvera le seul asile qui lui convienne dans une maison de retraite ou dans celle de ses parens. Le mari, dont la conduite répréhensible a provoqué la séparation, perdra, dans l'administration publique et dans la magistrature, les

emplois qu'il occupe; celui dont la femme a été convaincue de parjure les conservera : mais il ne pourra point parvenir à quelques places éminentes, pour lesquelles la loi présume qu'il n'a point les qualités convenables. Le tiers des biens des époux séparés appartiendra aux enfans, qui en auront la jouissance et seront pourvus d'un tuteur spécial, tant que leurs père et mère vivront éloignés l'un de l'autre.

La séparation ne sera donc plus ce qu'elle étoit autrefois; on ne la prononcera que rarement; quelques désordres secrets pourront encore la suivre : mais de grands scandales n'affligeront plus les amis des mœurs. La contrainte, les privations, la solitude auxquelles les époux désunis se trouveront condamnés, leur feront regretter les avantages de la vie commune; et lorsque le temps aura diminué l'aigreur des premiers momens, ils ne trouveront rien de mieux à faire que de retourner ensemble.

Tout le mérite des objections en faveur du divorce et contre l'indissolubilité du mariage, consiste dans la hardiesse des paradoxes qui leur servent de base, la tournure piquante qui les assaisonne, une aberration continuelle sur la nature du cœur humain, le jeu des passions, les causes morales de leur effervescence, les moyens de les calmer, l'intérêt des familles et de la société, les conséquences évidentes des deux systèmes, et le véritable état de la question, avant et depuis la Charte constitutionnelle.

Le célibat forcé, après la séparation, n'est point injuste envers l'époux coupable qui a trop abusé du mariage pour être admis à contracter une nouvelle alliance, ni même à l'égard de l'époux innocent, qui n'est presque jamais exempt de reproches, et vis-à-vis duquel la société acquitte sa dette, en lui procurant la sécurité et le repos qui lui sont nécessaires.

Le célibat forcé des époux désunis met obstacle à la naissance de quelques enfans, que pourroit produire leur engagement dans les liens d'un nouveau mariage. Mais il laisse subsister l'espoir de resserrer les nœuds de celui qui existe ; mais il est favorable aux enfans de la famille actuelle ; mais il empêche que la plaie d'un mariage s'étende à d'autres, que deux individus atteints par la contagion la communiquent à un plus grand nombre, et que plusieurs familles soient agitées par les troubles qui en affligent une seule.

Le célibat volontaire n'est pas inspiré par la crainte d'un mariage indissoluble ; ce mariage est le seul qui promette des jouissances durables, qui garantisse la conservation de la famille, qui soutienne et console la vieillesse ; ces heureux effets de l'indissolubilité du mariage en rendent les charges moins pesantes et les devoirs moins pénibles. Faites-les disparoître, les charges et les devoirs restent ; et dans la balance des personnes, si nombreuses de nos jours, qui soumetttent tout aux calculs d'un froid égoïsme, et croient que l'Etre Suprême regarde leurs actions d'un œil

indifférent, le mariage sans dignité, sans consistance, sans garantie, ne pourra pas l'emporter
sur un commerce illégitime, qui n'oblige à rien,
et dont toutes les traces peuvent s'effacer à l'instant même où il plaît de l'interrompre.

On accuse le mariage indissoluble de nuire à
la population; les mœurs en sont le thermo-
mètre infaillible : plus elles sont bonnes, plus il
y a de mariages, plus la fécondité des mariages
est grande ; la perpétuité des liens du mariage
prévient ou arrête la corruption des mœurs.
Comment seroit-il possible que les pays où la
population décroît en fussent redevables à sa
funeste influence ?

Par une de ces contradictions qui leur échappent
souvent, les adversaires du mariage indissoluble
prétendent reconnoître dans son indissolubilité
une invention de la tyrannie, pour avoir de plus
nombreux bataillons et augmenter la masse des
contribuables. Pourquoi donc alors ce tyran,
qui mettoit la jeunesse en coupes réglées, et qui
avoit besoin de tant d'hommes, a-t-il maintenu
le divorce ? La tyrannie abuse de tout ; nous en
avons fait la triste expérience. Faut-il en conclure qu'une population nombreuse ne soit pas
un avantage réel pour un royaume, où il y a
beaucoup d'industrie et une grande richesse ter-
ritoriale ? Au reste, l'indissolubilité du mariage
porte le cachet d'une main plus puissante que
celle des souverains de la terre : elle a été dictée
par Dieu même à nos premiers parens ; elle est

un des principaux dogmes de la religion catholique, et la politique de nos Rois a été d'accord
avec leur conscience et celles de leurs peuples en
la faisant respecter.

La stérilité d'un mariage n'est pas un motif
pour le dissoudre ; sa cause est incertaine ; elle
peut, sans qu'il s'en doute, provenir de celui des
époux qui voudroit tenter un nouveau mariage.
Si la loi se prête à ses vues, elle l'expose à rendre
la seconde union stérile comme la première.
D'ailleurs, si la procréation des enfans est le but
principal du mariage, la société conjugale n'est
pas sans charme pour les époux, quoique la
nature leur en refuse, et ce malheur commun
n'a souvent d'autre effet que de leur faire con-
centrer l'un sur l'autre leur tendresse.

La défense n'irrite les désirs que lorsqu'il y a
quelqu'espoir de les satisfaire ; le divorce leur
présente cet espoir, alors même qu'il leur oppose
le plus d'obstacles, parce qu'ils ne sont pas invincibles. Le mariage indissoluble ne lui en laisse
aucun ; or, le commun des hommes est assez
sage et assez ami de son repos, pour renoncer à
la recherche d'un objet dont il ne peut pas espérer
la possession légitime. Donc le mariage indissoluble tempère les passions, et le divorce les en-
flamme ; levez en partie les digues qui les com-
priment, et elles se précipiteront vers l'objet qui
les attire. Si la faculté de rompre les liens du
mariage étoit le garant le plus sûr de sa durée,
il n'y auroit pas eu à Paris, en 1793, un divorce

sur trois mariages, et on n'auroit pas vu au fond des provinces les plus reculées tant d'époux se hâter de rompre les nœuds dont ils pouvoient s'affranchir, et d'en former d'autres, dont le seul attrait fut celui de la nouveauté.

Les bonnes lois sont la ressource des empires, lorsque les mœurs y sont corrompues ; plus cette corruption est avancée, plus les lois doivent être sévères. Cette sévérité est surtout sans inconvénient chez un peuple éclairé par de longs malheurs, et délicat sur tout ce qui intéresse l'honneur et la bienséance. Au surplus, telle est la nature de l'homme, que la contrainte le flatte, et qu'il s'attache par la force de l'habitude aux règles les plus austères (1). Lorsque les mauvaises mœurs amènent les mauvaises lois, la corruption

---

(1) On entend dire à quelques personnes que la sévérité de la loi qui rejette le divorce sans cause déterminée, avoit corrompu les mœurs, et introduit la licence. Les anciens ne pensoient pas ainsi ; Tacite, Juvénal, et beaucoup d'autres, ont cru, au contraire, que la dépravation des mœurs étoit la cause la plus ordinaire de ces sortes de divorces, et c'est à ce sujet que Juvénal dit d'une femme qui avoit l'habitude d'en user, qu'elle pouvoit compter le nombre de ses années par celui de ses maris. Ainsi, *quand on voulut rétablir les mœurs par l'austérité des lois*, on mit des entraves au divorce ; et, chose étonnante, *l'Evangile qui interdit le divorce a été suivi en cela par tous les législateurs.* Ceci *est peut-être la preuve la plus forte que les mœurs corrompues ne repoussent pas toujours les lois sévères.* Tous les hommes *aiment naturellement la morale*, quoique peu la pratiquent, et les lois morales ont du moins l'avantage de restreindre les vices : elles leur impriment une flétrissure d'opinion qui les rend moins actifs, en les obligeant à se cacher. (*Discours de M. Portalis au conseil d'Etat, lors de la discussion sur le Divorce*, séance du 14 vendémiaire an X.)

est jusque dans les lois, et cette corruption est la plus alarmante, parce que le mal existe dans le remède lui-même.

La loi actuelle sur le divorce l'a rendu moins funeste dans la pratique : mais elle diminue encore le respect pour la sainteté du mariage ; mais elle conserve encore un germe corrupteur; mais elle menace encore d'une rupture prochaine les unions les mieux assorties; mais elle est encore le fléau des enfans et des familles; mais elle laisse encore aux passions des prétextes et des voiles pour faire légitimer par les tribunaux leurs écarts les plus scandaleux.

La société perdra peut-être, par l'effet de la loi nouvelle, quelques magistrats et quelques administrateurs dont les talens et les lumières lui eussent été utiles; mais elle y gagnera bien davantage par l'amélioration des mœurs, à laquelle contribuera singulièrement la censure publique exercée envers des citoyens que leur rang et leurs emplois obligent à une plus grande circonspection, et qui, ne sachant pas se gouverner eux-mêmes, ni se montrer justes envers leurs épouses, n'ont pas les qualités requises pour gouverner les autres hommes, et rendre la justice aux peuples (1).

_____

(1) Il y a de mauvais exemples qui sont pires que les crimes; et plus d'Etats *ont péri* parce qu'on a *violé les mœurs*, que parce qu'on a *violé* les lois. A Rome, tout ce qui pouvoit introduire des nouveautés dangereuses, changer le cœur ou l'esprit des

Il faut reconnoître que l'indissolubilité du mariage est une loi naturelle primitive et divine, ou rejeter la Genèse qui lui assigne Dieu pour auteur, et le premier mariage pour époque, ainsi que l'Evangile, où Jésus-Christ déclare que, dans l'origine, l'union de l'homme et de la femme a dû être assez intime pour que l'individualité cessât, et qu'ils ne formassent qu'un tout indivisible.

Il est au moins douteux que Moïse ait entendu permettre le mariage après la répudiation : s'il l'a fait, c'est par condescendance pour un peuple grossier et peu docile; c'est parce que Dieu, le maître de toutes choses, qui avoit établi la loi de l'indissolubilité du mariage, a pu, par l'organe de Moïse et pour un temps, suspendre l'exécution de cette loi, et souffrir le véritable divorce, jusqu'à ce que Jésus-Christ, dont la doctrine devoit éclairer le genre humain des plus vives lumières, lui rappelât la loi primordiale de l'indissolubilité du mariage, et lui imposât l'obligation de la suivre.

Jésus-Christ n'a autorisé que la répudiation au chapitre 19 de saint Mathieu : si ce passage étoit équivoque, le doute seroit levé par les paroles de Jésus-Christ sur le même sujet, dans

citoyen, et en empêcher, si j'ose me servir de ce terme, la perpétuité, les désordres domestiques ou publics, étoient réformés par les censeurs. Ils pouvoient chasser du sénat qui ils vouloient, ôter aux chevaliers le cheval qui leur étoit entretenu par le public

(Montesquieu, *Considérations sur les Causes de la Grandeur et de la Décadence des Romains*, pag. 96 et 97).

son discours sur la montagne, que rapporte le même évangéliste; par l'anathème qu'au chapitre 10 de saint Marc, il a lancé dans les mêmes circonstances et sans exception, contre ceux qui ne renvoient leurs femmes que pour en épouser d'autres, et contre ceux qui s'unissent à des femmes répudiées; par celui qu'au chapitre 16 de saint Luc, il prononce contre tous ceux qui osent prendre de pareilles licences; enfin par plusieurs textes de saint Paul, et notamment par celui où il dit aux fidèles de Corinthe que c'est le Seigneur, et non pas lui, qui ordonne à la femme séparée de vivre dans la continence, ou de se réunir avec son mari.

Au reste, telle est la doctrine des anciens pères et du Concile de Trente. S'il s'ouvroit de nouvelles conférences pour la réunion de l'Eglise grecque à la véritable Eglise, il seroit peut-être juste d'écouter les motifs sur lesquels les Grecs se fondent pour soutenir qu'il est permis de dissoudre le mariage pour cause d'adultère; et l'Eglise, toujours inspirée par le Saint-Esprit, décideroit s'il est possible de faire aux Grecs cette concession sans blesser la foi catholique : mais jusque-là, et pour tous ceux qui sont actuellement dans le sein de l'Eglise, l'indissolubilité du mariage est une loi religieuse qui les oblige en conscience, et qu'ils ne peuvent pas violer sans commettre une véritable apostasie. La loi qui les excite au divorce, la loi qui en laisse l'option à l'époux mécontent, la loi qui en

accordé le libre exercice à l'époux coupable, si
l'autre se refuse à un rapprochement encore impossible, est oppressive pour eux, et leur prêche
le parjure. Cependant leur religion est déclarée
religion de l'Etat par la même Charte qui autorise et protége tous les cultes. Ainsi, une loi de
l'Etat faite pour vingt-cinq millions d'hommes,
dont les trente-neuf quarantièmes professent
la religion de l'Etat, attaque un des articles de
leur foi, les place dans les situations les plus
alarmantes pour leur conscience, détermine les
plus foibles et les plus passionnés à rompre des
nœuds qu'ils croient indissolubles, apprend à
tous qu'il est permis de se jouer de la religion
et de ses préceptes, et ôte ainsi aux peuples le
seul frein qui peut encore arrêter les progrès de
la corruption générale.

Cette loi, il faut en convenir, est antérieure
à la Charte qui ne l'a point expressément abrogée ; mais la Charte ne maintient par son art. 68
que les lois existantes, qui ne lui sont pas contraires ; or, la loi du divorce y est contraire,
puisqu'elle autorise ce que défend la religion de
l'Etat, aux dogmes de laquelle aucune loi de
l'Etat ne peut porter atteinte.

Si la pratique du divorce n'a point été inter-
dite sous nos anciens Rois, aux juifs portugais,
c'est parce qu'ils formoient au milieu de la nation française, et sans aucun mélange, un peuple
distinct, qui ne participoit pas aux priviléges
des régnicoles, et qui avoit obtenu de la muni-

ficence des souverains, le droit de suivre ses lois et ses coutumes, et de choisir dans son sein des juges pour vider ses querelles domestiques.

A l'égard des protestans d'Alsace et d'autres provinces, les lois anciennes ne reconnoissoient pas plus leurs divorces que leurs mariages ; à tort ou à raison, elles supposoient toute la France catholique, et dans cette supposition elles regardoient tous les mariages comme indissolubles.

La religion de l'Etat défend le divorce ; les autres se contentent de le tolérer : cette seule remarque suffit pour déterminer le législateur à ne point conserver une institution qui n'a pas de rapports intimes avec la croyance de la minorité des Français, et que les catholiques ne peuvent pas admettre sans cesser de l'être.

Le divorce, né de la révolution, qui s'est éteinte comme un volcan, devoit disparoître avec elle ; adopté par la tyrannie, que ses propres excès ont détruite, il ne peut pas lui survivre. Un BOURBON, un prince religieux et philosophe, imbu des sages maximes par lesquelles ses ancêtres ont gouverné les nôtres, et toujours à la hauteur de son siècle, saura concilier avec la liberté de conscience et la protection promise à tous les cultes, le dogme antique et salutaire de l'indissolubilité du mariage. Il a déjà posé les bases d'un accord si désirable dans les art. 5 et 6 de la Charte, qu'il nous a donnée d'une main libérale, et où ce qu'il y avoit de plus noble et de plus utile dans les anciennes institutions se trouve fondu d'une manière si heureuse avec les changemens réclamés par la nouvelle physionomie que la société a prise, et par le progrès des lumières. Profondément affligé des maux que le divorce et la corruption qui s'attache à ses traces ont faits à la patrie, il s'empressera de remplir, en le supprimant, l'attente de tout ce qu'il y a en France d'hommes éclairés et vertueux (1).

Mais il est possible que, par des considérations supérieures à l'égard desquelles il ne nous appartiendroit point de hasarder nos conjectures, le Roi laisse aux Chambres l'initiative sur cette matière importante.

Si tel est son dessein, bientôt il s'élèvera dans les deux Chambres des voix éloquentes qui leur dénonceront le divorce et ses effets déplorables, qui leur diront combien il a fait de parjures parmi les catholiques, combien il a divisé d'époux unis jusqu'alors, combien il a désolé de familles, combien il a réduit d'enfans en bas âge à un triste abandon, combien il a affoibli l'autorité maritale, la fidélité dans les mariages, le respect pour les bienséances, la pratique des vertus

---

(1) La lettre écrite par Sa Majesté, le 18 septembre 1815, aux vicaires-généraux du diocèse de Paris, pour que la veille de l'ouverture de la session des deux Chambres ils fassent célébrer une messe du Saint-Esprit, à laquelle Sa Majesté assistera avec les princes de sa famille, les pairs du royaume, et les députés des départemens, est un nouvel hommage rendu par le Roi très-chrétien à la religion de l'Etat, et une preuve qu'il n'a point entendu lui accorder un vain titre.

morales, et l'influence des idées religieuses ; qui
leur démontreront qu'il faut désespérer d'un
peuple dont les lois sont modelées sur la corruption des mœurs, et en portent l'empreinte ;
qu'une loi contraire à la religion de l'Etat et aux
bonnes mœurs est contraire à la Charte, et
qu'hésiter à l'abroger, c'est admettre en principe
qu'on peut, tantôt dans un sens, tantôt dans un
autre, porter des atteintes successives à la Charte,
et donner aux factieux l'avis qu'ils peuvent encore essayer de nouvelles révolutions. Quelques-
uns de ces hommes, qu'une vieille habitude
attache aux institutions révolutionnaires, et qui
depuis le 7 juillet ont toujours le mot de *modération*
sur les lèvres, pour le faire servir de passe-port
à des conseils perfides ou pusillanimes, répon-
dront, dans un langage artificieux, que le divorce
a jeté de trop profondes racines dans ce pays,
pour qu'on puisse l'extirper sans une secousse
violente ; que la génération actuelle n'a plus la
force d'y renoncer ; qu'il seroit injuste, barbare,
impolitique, de lui imposer le joug du mariage
indissoluble, et qu'elle éclateroit en murmures si
on la privoit de la faculté du divorce, qui est
devenu pour elle un remède, ou, si l'on veut, un
mal nécessaire. Mais ces faux rapports, ces alarmes
feintes, ces doléances hypocrites, ne feront aucune impression sur la plupart des députés des
départemens, qui ne connoissent que la Charte
et le Roi, qui ne veulent rien de plus ni rien de
moins que la Charte, et qui viennent avec la

ferme résolution de contribuer de tout leur pouvoir à replacer leur pays au rang qui lui appartient dans l'ordre social, pour lui rendre son
poids dans la balance de l'Europe (1). Les partisans du divorce ne feront pas plus de prosélytes
parmi les pairs du royaume, qui, par intérêt,
par devoir et par inclination, s'occupent tous
des moyens de maintenir la Charte, de consolider
le trône, et de mettre le vaisseau de l'Etat à
l'abri de nouvelles tempêtes. Dès lors, on peut
assurer, sans témérité, qu'incessamment les deux
Chambres porteront, d'un concert unanime, au
pied du trône, le vœu national, qui repousse le
divorce, et réclame l'indissolubilité du mariage.

Ainsi, nous voyons briller l'aurore du beau
jour où le divorce ne sera plus souffert en France,
et où de bonnes lois et de grands exemples
amèneront la réforme des mœurs, sans laquelle
il n'y a point de prospérité durable pour les
empires.

Déjà les tribunaux, pénétrés de l'esprit de la
Charte, et attentifs à comprimer, autant qu'il est
en eux, les désordres et les scandales dont ils
gémissent, préludent à l'abolition du divorce par

---

(1) L'Europe ne se sentira complétement rassurée, que quand elle
entendra nos orateurs professer les principes de morale et de religion, fondement de toute société. Nous ne reprendrons notre
poids dans la balance politique, qu'en reprenant notre rang dans
l'ordre moral.

(*Discours de M. le vicomte de Chateaubriand, pair de France, à
l'ouverture de la session du collège électoral du Loiret, dont il
étoit président.*)

les entraves qu'ils y mettent, et par l'inflexible sévérité avec laquelle ils rejettent, comme insuffisantes, presque toutes les preuves qui sont faites pour y parvenir.

Mais il a droit surtout à la reconnoissance publique, ce magistrat vertueux et modeste, auquel est confiée dans la capitale du royaume l'honorable et délicate fonction d'être un ange de paix et un médiateur pour les époux fatigués d'être ensemble, et qui possède le rare talent de les rapprocher l'un de l'autre ; et, lorsqu'il n'a plus cet espoir, d'en obtenir presque toujours qu'ils renoncent à la tentative d'un divorce éternel, et se bornent à demander une séparation essentiellement temporaire.

Français, vraiment dignes de ce nom, qui vous ralliez de cœur à la Charte et au Roi, ce n'est plus des armées étrangères, ni de quelques rebelles, mais de vous-mêmes, de vos haines, de vos plus justes ressentimens, de vos préjugés, de vos passions, qu'il faut aujourd'hui triompher. Songez que les bonnes mœurs tiennent à toutes les vertus, et les mauvaises à tous les vices ; n'oubliez pas que vos enfans contracteront en vain des mariages indissolubles, s'ils n'ont appris par vos exemples à en respecter les liens sacrés, à en remplir, sans dégoût, les austères devoirs, et à n'y chercher que ces jouissances pures, qui sont le privilége des époux fidèles.

Mères sensibles, ne vous affligez plus d'être fécondes. La conscription ne dévorera point vos fils. Les hommes auxquels vous donnerez la main de vos filles, s'attacheront à elles pour la vie et jusqu'à la mort. Non : le divorce et ses trompeuses promesses ne viendront plus alarmer les consciences, désenchanter le mariage, ébranler la fidélité conjugale, cimenter des amours adultères par des nœuds légitimes, sacrifier de malheureux orphelins aux passions de leurs parens, et porter le trouble dans toutes les familles.

FIN.

TABLE

DES MATIÈRES.

———

CHAPITRE TROISIÈME.

Le Divorce est incompatible avec la paix et le bonheur des familles.

CHAPITRE QUATRIÈME.

La saine morale réclame la suppression du Divorce.

CHAPITRE CINQUIÈME.

Le Divorce est contraire aux maximes d'une sage politique.

CHAPITRE SIXIÈME.

La simple séparation, si on en corrige les abus, aura tous les avantages sans aucun des inconvéniens du Divorce.

CHAPITRE SEPTIÈME,

Réponses aux diverses objections en faveur du Divorce, et contre la séparation de corps.

CHAPITRE HUITIÈME.

ERRATA.

Page 1, avant-dernière ligne, au lieu du mot *chef* ; lisez : *prince*.

—— 13, lig. 15, *d'abnégation* ; lisez : *de l'abnégation*.

—— 15, lig. 23, *que* ; lisez : *quel*.

—— 19, lig. 4, après le mot *distraite*, il faut ajouter : *par d'autres objets*.

—— 32, note, lig. 9, *les reproches samers* ; lisez : *les reproches amers*.

—— *ibid.*, lig. 12, *l'abbée* ; lisez : *l'abbé*.

—— *ibid.*, après la ligne 18, ajoutez : *et qu'il en naîtroit des haines mortelles, si on étoit libre de se séparer.*

(M. Humes, *Essais moraux et politiques*, chap. 18.)

—— 42, lig. 24, à la fin de la ligne, *la* ; lisez : *sa*.

—— 45, lig. 5, *leurs maîtresses* ; lisez : *leur maîtresse*.

—— *ibid.*, lig. 23, après le mot *stérile*, mettre *un point et virgule*.

—— *ibid.*, lig. 24, après *le désir*, mettre une *virgule* au lieu d'un *point et virgule*.

—— 53, dernière ligne, *finiroit* ; lisez : *finiroient*.

—— 62, lig. 4, *l'opinion qui toujours indulgente* ; lisez : *l'opinion toujours indulgente*.

—— *ibid.*, lig. 26, *se décidèrent* ; lisez : *se décidoient*.

—— 70, lig. 23, *plusieurs autres êtres comme* ; lisez : *plusieurs autres être comme*.

—— 80, lig. 18, *impérieux et de la faim* ; lisez : *impérieux de la faim*.

—— 87, lig. 16, après le mot *abîme*, il ne faut pas de *point et virgule*.

—— 89, lig. 3, *l'abrogatiou de la loi toute entière* ; lisez : *l'abrogation toute entière de la loi*.

—— 92, lig. 12, au lieu d'un simple *point*, il faut un *point d'interrogation*.

—— 94, lig. 5, *le plus d'amateurs, et qu'on le demande* ; lisez : *le plus d'amateurs, qu'on le demande*.

—— 95, lig. 5, *Barbaresques* ; lisez : *Maures*.

—— 97, lig. 20 et 21, *qui rappelle tous les arts* ; lisez : *qu'amollissent tous les arts*.

—— 104, lig. 19, *les ravages* ; lisez : *ses ravages*.

—— 106, lig. 1, *ne sont jamais* ; lisez : *ne soient jamais*.

—— *ibid.*, lig. 15, *ces monumens* ; lisez : *ses monumens*.

—— 113, lig. 10, après ces mots, *l'un à l'autre*, il faut une *virgule* au lieu d'un *point et virgule*.

—— 114, lig. 17, *répondra à la requête d'une ordonnance de renvoi à l'audience* ; lisez : *renverra le demandeur à l'audience*,

—— 116, lig. 5 et 6, *postérieure de son obéissance tardive* ; lisez : *de son obéissance tardive postérieure*.

—— 135, lig. 16, *cette minorité* ; lisez : *la minorité*.

—— 137, lig. 23, *si on en accorde la pratique* ; lisez : *si on accorde la pratique du divorce*.

—— 140, lig. 12, *l'une et l'autre* ; lisez : *l'une ou l'autre*.

—— 149, lig. 21 et 22, effacez : *parce qu'il s'y arrête*.

—— 166, avant-dernière ligne, après ces mots : *pu prononcer*, ajoutez : *le divorce*.

www.ingramcontent.com/pod-product-compliance
Lightning Source LLC
Chambersburg PA
CBHW071633200326
41519CB00012BA/2271